シリーズ国語授業づくり

中学校

古典

言語文化に親しむ

監修 日本国語教育学会

編著 髙橋邦伯・渡辺春美

東洋館出版社

まえがき　これからの国語教師に求められるもの

話す力は話す活動を通して身に付きます。書く力も書く活動を通して身に付きます。コミュニケーション力はコミュニケーションの行われる場において、学習者が自ら考えを表明し他者の考えも聞きその往復活動で自らの中に考えを創り出していく、つまり話し合う活動によって身に付くものです。そういう言語活動を行う場に立たせて充実した言語経験を行う授業を目指して、本学会は研究を進めてきました。

それは、新しい学習指導要領のもとでも変わりません。新学習指導要領は、現行学習指導要領を引き継ぎ、よく整理されて、分かりやすく二一世紀型の教育の在り方が示されています。学習者が、なんのために学ぶのかという学習の意義を共有し、自らが問題意識をもち、あるいは時代や社会に求められる課題に対応して、主体的に考え、解決していこうと情報の収集・再生産の活動、他者の考えを聞こうと交流活動を行いながら、自らの考えを構築して発信していく。そういう「主体的・対話的な深い学び」を体験させる授業の構築・実践が求められます。

国語教師は、基本的・専門的な力として国語力と言語行動力（言語・言語文化に関する造詣の深さと聞く話す読む書くの言語技術）を身に付けていなければなりませんが、教師として人を育てる仕事に携わるとなれば、授業力が必要です。授業力とは、授業を構想・設計（組織化）する力と実践（授業運用の技術と教室経営）の力をいいます。

本シリーズは、「文学」「古典」「説明文・論説文」「国語授業づくりの基礎・基本」の四部作から成ります。「読む」という視点から文学、古典、説明文の三ジャンルを取り上げ、

・基本的な学習内容とその指導法
・教材に対する考え方と学習材化の方法
・学習指導　特に言語活動との組み合わせの工夫
を中心に、Q＆Aの形で、授業づくりのポイントと実際例を示しました。

授業づくりは、言語活動の視点から「聞くことの授業づくり」「話すことの授業づくり」「読むことの授業づくり」「書くことの授業づくり」で取り上げることもでき、また「思考力を鍛える授業づくり」「表現力をのばす授業づくり」というアプローチもあります。本シリーズは、ビギナーズのために、入りやすさ、取り組みやすさから三つにしぼりました。つくりやすいところから始めて、参考にしながら、広く、深く、学習者の言語生活から考えて、言葉を意識し言葉の力を考え、学ぶ喜びを身に付けた学習者を育てる授業に発展させてください。

本シリーズは日本国語教育学会の企画情報部の事業として、中学校部会と合同で、ビギナーズのために編んだものです。が、長く教育に携わっている人、つまずき悩みをもっている人、これでいいのかさらに前に進みたいと願っている人にも、新たな授業づくりに取り組んでほしいと願い、その参考にしていただきたいと思っています。またそれぞれの地区、校内での指導的立場におられる方もこれによって教育実践のレベルを上げられんことを願っています。

平成三〇年七月

田近洵一（日本国語教育学会会長）
桑原　隆（日本国語教育学会理事長）
大越和孝（企画情報部長）
安居總子（中学校部会長）

もくじ

2 指導法、授業方法に関するQ&A

Ⅲ章

単元展開例

対話的な学びを核とする

深い学びを生み出す

地域教材を学びの核とする

Ⅰ章

古典の授業づくりのポイント

1 言語生活に生きる「古典の授業」

1 言語文化としての古典

伝統的な言語文化の教育については、平成二八（二〇一六）年一二月に具申された、中央教育審議会による「幼稚園、小学校、中学校、高等学校及び特別支援学校の学習指導要領等の改善及び必要な方策等について（答申）」の中で、「国語科においても我が国や郷土が育んできた伝統文化に関する教育を充実したところであるが、引き続き、我が国の言語文化に親しみ、愛情を持って享受し、その担い手として言語文化を継承・発展させる態度を小・中・高等学校を通じて育成するため、伝統文化に関する学習を重視することが必要である。」（一二九頁）と述べられています。答申は、これまでの伝統的な言語文化の教育を「充実した」と評価し、「引き続き」、「伝統文化に関する学習を重視することが必要」と述べています。

言語文化については、『中学校学習指導要領解説　国語編』（二〇一七年　文部科学省）において、次の通りに説明されています。

我が国の言語文化とは、我が国の歴史の中で創造され、継承されてきた文化的に価値をもつ言語そのもの、つまり文化としての言語、またそれらを実際の生活で使用することによって形成されてきた文化的な言語生活、さらには、古代から現代までの各時代にわたって、表現し、受容されてきた多様な言語芸術や芸能などを幅広く指している。（二四頁）（傍線筆者）

ここでは、言語文化が傍線部のように三点から捉えられていますが、古典は、言語文化の中心に位置付くものです。言語文化としての古典は、時代的、歴史的状況の中で創造され、後代に生きる人々との関係の中で、創造的に何らかの価値が見いだされ、継承・発展してきたものです。

古典を中心とした言語文化の教育は、二〇〇八年公示の学習指導要領によって、戦後初めて小学校一年生から、中・高等学校に至る一貫教育として行われるようになりました。その上で、「伝統文化に関する学習については、小・中・高等学校を通じて、古典に親しんだり、古典の表現を味わったりする観点、古典についての理解を深める観点、古典を自分の生活や生き方に生かす観点、文字文化（書写を含む）についての理解を深める観点から整理を行い、改善を図ることが求められる」（一二九・一三〇頁）と、今後の古典教育の方向を示しています。

2 古典教育の意義

ここで、古典教育を重視する理由について考えてみたいと思います。それは、古典教育の意義を明らかにするとともに目的についても考えることになります。古典教育の意義については、様々な考えがありますが、おおよそ次の四点に整理することができると思います。

① 人間に関する認識の深化―古典に表現された人間の心を捉え、現代のそれと比較することによって、人間に対する認識を深め、生き方への指針を新たに得ることができます。

② 現実認識の深化―古典に表現された状況に対するものの見方・感じ方・考え方と現代のそれとを比較することによって、現実認識を深めることができます。

③ 文化の根の発見―古典に表れた文化的なことがらを現代のものと比較することによって、文化的なことがらの成り立ちの根を捉えることができます。文化の根を捉えることは、文化の成立、展開を歴史的に捉えることであって、文化の継承と発展にもつながります。

④ 豊かな表現の獲得―古典の言葉と文章表現の特質、その意味と形態の歴史的推移を理解することによって、言葉の意味と機能を深く捉えることができます。また、古典の言葉と文章表現を、現代のそれと比較することによって現代の言葉を改善し、豊かな表現を求めることにつながります。

このような古典教育の意義を踏まえ、生徒の主体的な学びを創造することによって古典の学びは言語生活に生きることにもなります。古典教育の目的である「伝統的な言語文化に親しみ、継承・発展させる態度」の育成も、教育基本法の第二条に目的として設定されている「伝統と文化を尊重し、それらをはぐくんできた我が国と郷土を愛するとともに、他国を尊重し、国際社会の平和と発展に寄与する態度を養うこと」も、学習者が古典の内容と表現を深く感得できる授業の創造によって、初めて可能になると言えるでしょう。

2 学習材研究のポイント

1 学習材研究の観点

学習材・教材研究の展開を歴史的に概観すると、学習材・教材としての古典を作品として研究することから、児童・生徒の実態に基づき、教育目標の達成という観点から、学習材・教材の価値を見いだす研究を行うことへと展開したと言えます。さらに、授業方法という観点から学習材の教育的価値を見いだす研究も必要でしょう。すなわち、学習材研究には、次頁の図表のように、作品研究を踏まえ、①生徒の実態に基づき、②目標論的観点、③授業方法論的観点から、学習材としての可能性を最大限に捉えることが求められるのです。

2 学習材研究のポイント

学習材研究は、学習材の表現に向き合って納得のいくまで読解、解釈し、批評することが大切です。その上で、教師自身が先に述べた三つの観点から教材研究を行うことがポイントになります。ある学習材について、①生徒の実態の観点から、「生徒は、興味・関心をもって読めるだろうか」、「経験的知識や歴史的知識で内容理解ができるだろうか」、「読解・解釈し、深く内容を捉えられるだろうか」と研究してみるのです。また、②目標論的観点から、「現代にも共通する人間性を捉えられないか」、さらには、「読解・解釈の技能を高めるという目標設定が可能であり、この教材を基に調べ学習を行い、自己学習力を付けることを目標にすることもできるのではないか」と研究を進めていきます。さらに、③授業方法論的観点から、「ワークシートを用いて読解の方法を理解させられないか」、「学習の手引きに基づきグループで話し合い、読みの交流を通して学習材の解釈に導けるのではないか」と学習材の価値を追求するのです。このように三つの観点による図表中の項目を組み合わせることによって、授業に向けての学習材研究を深めることができるのです。

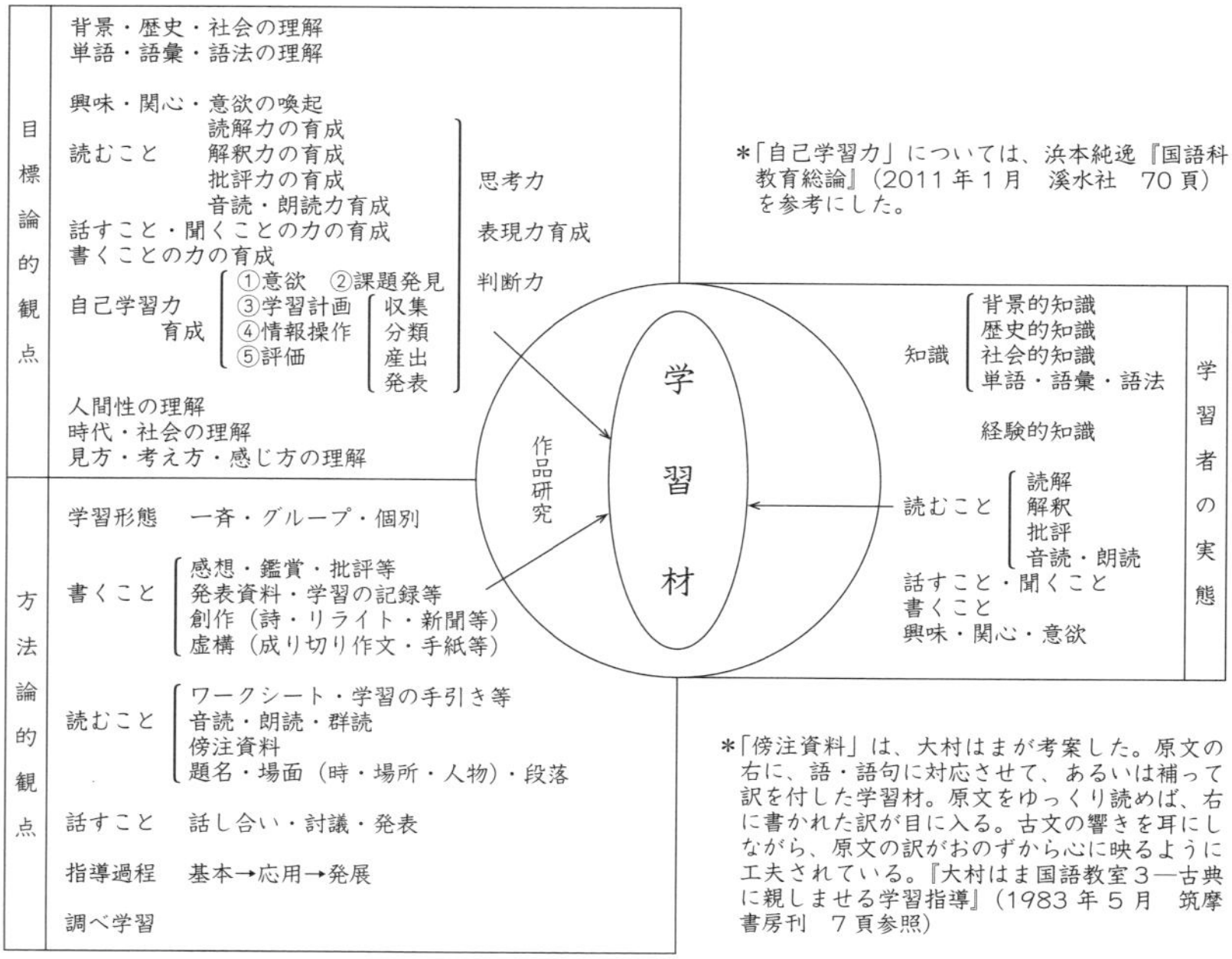

＊「自己学習力」については、浜本純逸『国語科教育総論』（2011年1月　溪水社　70頁）を参考にした。

＊「傍注資料」は、大村はまが考案した。原文の右に、語・語句に対応させて、あるいは補って訳を付した学習材。原文をゆっくり読めば、右に書かれた訳が目に入る。古文の響きを耳にしながら、原文の訳がおのずから心に映るように工夫されている。『大村はま国語教室３―古典に親しませる学習指導』（1983年5月　筑摩書房刊　7頁参照）

3 教材研究の実際

次に、「仁和寺の法師」（『徒然草』五二段）を例に学習材研究を進めてみたいと思います。

①作品研究

【読解】文章の意味理解を行います。仁和寺と石清水との距離は、約一六キロメートル。極楽寺・高良とは、石清水八幡宮附属の宮寺のこと。その宮寺と山上の石清水との距離は約一キロメートルあります。本文において強調の係助詞「こそ」が二カ所使われています。「聞きしにも過ぎて尊くこそおはしけれ」・「神へ参るこそ本意なれ」です。それぞれ、「尊く」「神へ参る」を他にはないこととして強調しています。「尊く」の強調は、高良社の神々しい様に深く感銘を受けたことを表しています。「神へ参る」の強調は、「本意」の硬さ、一徹さを表すものでしょう。また、「ぞ言ひける」では、係助詞「ぞ」が使われています。これは、法師の話全体を、「こんなふうに言ったのだ」と強調しています。さらに「少しのことにも」の「も」も、係助詞の強意の意味です。

【解釈】仏に仕える法師の身で石清水八幡宮への参詣を思い立つのは、当神社が神も仏の化身とする本地垂迹の信仰によっていたためと考えられます。わざわざ「ただ一人、徒歩より詣でけり」と書かれているのは、当時は船で京から石清水八幡宮に参詣することもできましたが、修行として歩いて参詣したことを強調したものだと思います。これは、「神に参るこそ本意なれ」と述べる法師の一途さとも重なります。とともにその一途さが空回りし、人々が山に登っていくのを見て疑問に思い、「ゆかし」と思いつつも、「本意」ゆえに山に登らず、石清水参詣の機会を逸してしまいました。附属の高良を、石清水八幡宮と間違えたばかりか、そこに深い感銘を受けたことを「かたへ」の者に語る愚かさは、法師の一途さとの落差が大きいだけに滑稽です。この滑稽とも悲惨とも見える過ちは、法師に留まらず、私たちの陥る過ちに通じていると思います。兼好はそれゆえに法師に身を寄せるようにして、「先達」の必要性を説いているのでしょう。石清水参詣は、法師にとって、歳をとって決心した一大事でした。それは、法師にとって「少しのこと」ではなかったはずです。兼好は、大事なことについては、言うまでもないと言外に述べているのです。

【批評】「少しのことにも先達は、あらまほしきことなり」は、法師のエピソードに、人間一般に通じる、一途さによる愚かさを見ての言葉です。兼好の人間を見る目の確かさが読み取れる一文です。

②生徒の実態に基づく学習材研究

本学習材は、口語訳が付いていれば、読解は難しくはないでしょう。歴史的仮名遣いに慣れていないでしょうから、音読の練習をすることが必要です。内容に関しては、経験知を用いて、法師の失敗の滑稽さと、それゆえの「先達のあらまほしきこと」も解釈できると思います。このような失敗談は、身近にあるでしょうから、興味・関心をもつものと思われます。ただ、仁和寺と石清水および宮寺との位置関係や距離、また、法師が神社に参詣したいと思う理由、さらに、「ただ一人、徒歩」によって参詣しようとすることの意味に関しては、知識がなく、想像することも理解することも難しいと思われます。法師像を把握する過程で、必要に応じて問題意識をもたせた上で、推察させたり、授業者が説明したりして理解させることが必要でしょう。

③目標の観点からの学習材研究

生徒の実態を踏まえて、どのような目標を設定することができるか考えたいと思います。
【価値目標】 ものの見方・感じ方・考え方、人間観や自然観、社会観など教材の内容に関する目標です。本学習材では、法師の失敗談から人間性に関する認識を深め、「先達」の必要性を理解する、という目標を設定できます。
【技能目標】 言語能力（話す・聞く、書く、読む能力）や自己学習力などの能力と、知識（言語・文化・社会・歴史など）に関する目標です。教材研究から、以下の目標を設定することが可能です。

ア　歴史的仮名遣いを理解し、正しく音読する力を養う。
イ　法師に関するエピソードを読み取る力を養う（読解力）。
ウ　法師に関するエピソードの意味を捉える力を養う（解釈力）。
エ　法師の人物像を捉える力を養う（解釈力）。
オ　法師のエピソードに対する兼好の考え方を読み取る力を養う（解釈力）。本学習材を評価する力を養う（批評力）。

知識に関する目標としては、「憂し」、「年ごろ」、「本意」、「先達」などの理解、また、「こそ」「ぞ」などの係助詞の用法の理解といった語・語法に関する知識の習得を目標にすることもできます。このような設定可能な目標から、生徒の実態に合わせて絞り込むことになります。
【態度目標】 学習態度、興味・関心・意欲に関する目標です。描かれた人間と生きるための指針に関心をもち、さらに読もうとする態度を養うという目標が考えられます。

④方法の観点からの学習材研究

本学習材は、法師に関するエピソードと、それに対する語り手である兼好の考えから構成されています。エピソードを深く読むことが、末尾に述べられた兼好の言葉の意味の深さと独自性を理解することにつながります。まずは、音読をしっかりさせ、生徒が文章に馴染むようにします。ついで、口語訳を参考にしつつ、原文の表現に基づいて、法師の人物像、エピソードの意味、兼好の考えの理解のために、ワークシートを準備し、個別学習を行います。その上で、個別の理解に基づいて、グループでの話し合い学習を行うことで、理解を深めることができるでしょう。さらにエピソードの読みの方法は、「高名の木登り」など他の章段の読みに応用できます。この方法を用いてグループ学習を行い、発表するという応用学習・発展学習に展開することも可能です。

3 授業の進め方と問題点

1 授業の問題点

古典を先験的に価値あるものと考えないで、生徒とともに価値を創造していく姿勢をもちたいと思います。古典の授業によく見られる、範読から音読練習を経て、言葉の意味の確認、通釈、まとめといったパターン化された指導では、生徒に古典への興味・関心をもたせ、親しませ、さらに読んでみたいと思わせることは難しいでしょう。古典を学ぶ楽しさとともに、学ぶ意味と達成感や充実感が実感されなければ、古典の学習に背を向けていくことになりかねません。大村はまは、子供を「身の程知らずに伸びたい人」として、「伸びたいという精神においては、みな同じだと思います。一歩でも前進したくてたまらないのです。そして、力をつけたくて、希望に燃えている、その塊が子どもなのです。」*1と述べています。このような子供の心に応える、新鮮で魅力ある古典の授業を創造したいと思います。

2 主体的な学びを創造する授業づくりの基本

古典の授業を生徒にとって達成感・充実感のあるものにするためにも、また、授業の目的を達成するためにも、古典の学びを主体的にする授業づくりが大切です。そのためには、次の点に留意したいと思います。

① **創造的な学びの主体としての学習者**—生徒は受け身ではなく、自ら「主体」として知識と経験を生かしながら創造的に学習していく存在です。学びのエネルギーとしての興味・関心をもって積極的に古典との関係性を築いて学習できるように工夫して指導することが大切です。

② **主体的な学びを促す学習材の開発・編成**—生徒が興味・関心をもち、進んで読みたくなる学習材、発見がある学習材、深く感動する学習材の開発・編成が必要だと思います。実際は、教科書教材が中心になるでしょうが、導入段階や発展段階で興味・関心を喚起する学習材、理解や感動を深める学習材を開発・編成し、生徒が学習材の価値を主体的に捉えられるようにしたいと思います。

③ **学習材と生徒の出会いの演出**—生徒と学習材との新鮮で、興味・関心が高まり、期待感のもてる出会いを演出しましょう。生徒が意欲的に読み、考えることによって、学習の質も高まり、学習した古典は、生徒との間に価値ある関係が築かれ、身に付いていくことになります。

④ **生徒の主体的な活動の場の設定**—主体的に活動し、創造的に古典の価値を発見することを通して生徒は古典を内化していきます。古典は内化によって生徒の中で生命を得ることになります。教師は、生徒が古典との関係性を強められるよう、音読・朗読、グループによる話し合い、調べ学習な

どの「話すこと・聞くこと」、「書くこと」、「読むこと」を取り入れた言語活動の場を設定することが必要です。

⑤ **学びの方法を身に付ける学習指導**―生徒が主体的に学び、生涯にわたって古典に親しみ、言語生活を豊かにするためには、読みの技能を身に付ける必要があります。そのためには、学習指導の過程で、生徒が学習のゴールを意識し、〈基本（一斉）→応用（グループ）→発展（個別）〉と段階的・発展的に学び、基本で学んだ読みの技能を応用と発展段階の学習で用い、身に付けられるように指導過程を工夫したいと思います。教師は、学習の各活動を通して理解・認識を深めると共に知識と技能が身に付くように支援します。*2 以上を具体化すると、下図のようになります。

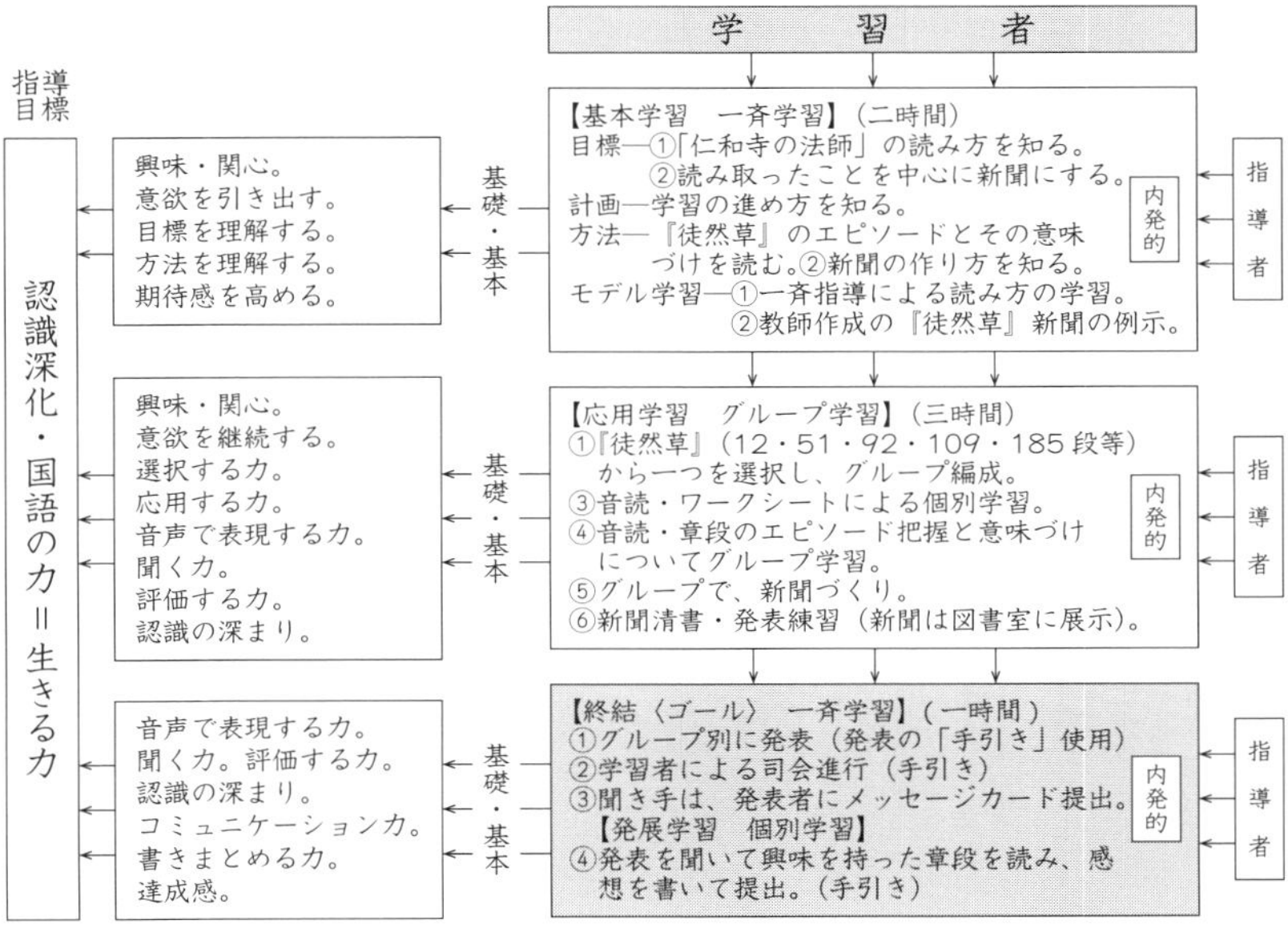

4 評価の留意点―実践的評価のために

生徒の学習実態の把握と成長のために、また、教師の振り返りのために評価があります。

1 ペーパーテストの改善

テスト問題を身に付けるべき能力ごとに分けて作ることも改善点の一つです。例えば、①言語事項の理解（漢字・古語・文法など）、②読解力、③解釈力、④思考力・表現力に分けて問題を作成します。各技能の得点と五段階の評価表を解答用紙の得点欄に挿入しておき、能力別の評価をして返却します。

2 公平性を保つ、教師と生徒との相互納得（信頼性の獲得）

評価のタイミングと評価規準を公平にし、それを生徒に明示して相互に納得した上で評価します。

3 個別評価と集団評価

集団活動（クラス・グループ）の場における個別評価は客観性・妥当性が低くなります。可視化された、客観性・妥当性が高く、評価価値の高い資料を基に効率的に個別評価を行いたいと思います。

4 パフォーマンス評価

パフォーマンス評価は、観点を明確にしておくことが大切です。パフォーマンスに対して、①目的、②内容、③評価規準を明確にし、その上で評価したいと思います。

5 ポートフォリオ評価

学習の記録としてのポートフォリオは、生徒の学びを振り返り、自己評価を行うための資料としても有効です。しかし、資料が多くなりがちですので、教師は観点を明確にし、必要な資料に絞って効率的に評価することが必要です。

いずれの評価にしても、教師に、生徒の実態に即して、古典の授業を通して身に付けるべき言語の能力と深めるべき認識への見通しが必要とされることになります。

＊1　大村はま『新編　教えるということ』（筑摩書房　一九九六年六月　二七・二八頁）

＊2　世羅博昭「国語科授業構築の原理と方法」（倉澤栄吉・野地潤家監修、世羅博昭・三浦和尚編著『朝倉国語教育講座5　授業と学力評価』朝倉書店　二〇〇四年九月　四〇頁）

Ⅱ章

古典の授業づくりの基礎・基本

Q

1　伝統的な言語文化の学習の範囲

伝統的な言語文化の学習の対象はどのような範囲でしょうか？

A

主に古典の様々な作品や長い間使われてきたことわざ・慣用句・故事成語、そして古典芸能が学習の対象範囲です。

①学習指導要領での扱いを知りましょう。
平成20年告示の現行の学習指導要領
「伝統的な言語文化に関する事項」
平成29年告示の次期学習指導要領
［知識及び技能］の中の「我が国の言語文化」に関する学習という位置付け
「話すこと・聞くこと」、「書くこと」、「読むこと」の言語活動を通じて学んでいくことに変わりはないという意識をもちましょう。

②古典の世界と現代の社会の接点を見つけましょう。
・古典の様々な種類の作品群にふれる。
（和歌、俳諧、物語、随筆、漢文、漢詩）
・語彙を増やす。（ことわざ、慣用句、故事成語）
・古典芸能を知る。（能、狂言、歌舞伎、古典落語）

③小学校での学習内容を確認し、中学校での学習に結び付け、発展させていきましょう。
中学校の学習は、小学校からのステップアップ！

❶ 学習指導要領での扱いを知る

平成二〇年告示の現行の学習指導要領では、国語科の学習内容は「A話すこと・聞くこと」、「B書くこと」、「C読むこと」の領域と「伝統的な言語文化と国語の特質に関する事項」という構成がとられています。古典等の学習は「伝統的な言語文化と国語の特質に関する事項」の中の「伝統的な言語文化に関する事項」として位置付けられ、「A話すこと・聞くこと」、「B書くこと」、「C読むこと」という言語活動を通じて学んでいくという方針が貫かれています。

平成二九年告示の学習指導要領では、国語科の学習は、〔知識及び技能〕と〔思考力、判断力、表現力等〕、〔学びに向かう力・人間性等〕という枠組みで整理され、古典等の学習は〔知識及び技能〕の中の「我が国の言語文化」に関する学習と位置付けられています。そうなると、「我が国の言語文化」の学びは、単に〔知識〕を身に付ければよいのかと思えますが、決してそうではありません。「話すこと・聞くこと」、「書くこと」、「読むこと」という重層的な言語活動を通じて学んでいくということには変わりはありません。「我が国の言語文化」を教材・学習材として、「話すこと・聞くこと」、「書くこと」、「読むこと」の力を培うのです。このことが、「思考力、判断力、表現力」を養うことに繋がり、「我が国の言語文化」への理解を深める学びになることを意識することが大切です。

教材・学習材：言語文化↓

「話すこと・聞くこと」、「書くこと」、「読むこと」の言語活動

←

思考力、判断力、表現力

⬇

言語文化への深い理解

②古典の世界と現代の社会の接点を見つける

古典の世界は、本来特別に隔離された世界ではありません。歴史的な時間としては現代と長く繋がっています。一方で、政治的な分断や時代の変化、文化の担い手の変化、教育活動の在り方によって遠い存在になってしまっていることは確かですが、読まれ、語られることによって長く息づいてきた作品や、現代でも多くの人に注目されている古典芸能の世界や、地域の芸能があることも事実なのです。学習者がその事実を見つめ、なぜ語られてきたのかを捉え、また文化を受け継ぐ担い手となるように育てることが古典の学習の重要な目的です。

そのためには、教師と生徒、共に次の姿勢が大切になってきます。

> ○教師も共に学ぶ：「ああおもしろい世界だ」思えるようになりたい。↓作品研究・教材研究へ
> ○歴史的な時間感覚をもつ：いつの時代のどういう状況での作品や芸能か明確にしたい。文学史を踏まえた指導者の深い語りが重要だ。
> ○内容や言葉に学ぶ：難しい言葉も今に生きている。なるほどという発見をしたい。
> ○メッセージを受け取る：現代に生きる者として作品群や古典芸能などに込められたメッセージを受け取りたい（受け取ったら発信〔表現〕したい。これが言語活動です。）。

③小学校での学習内容を確認し、中学校での学習に結び付け、発展させていく

中学校の学習は、小学校からステップアップしたものだという意識をもちましょう。

まずは、小学校での「伝統的な言語文化」の学習を知りましょう。神話、俳句、短歌、随筆、漢文、ことわざ、故事成語、近代以降の文語調の文章にふれています。中学校では、歴史的な背景を踏まえて生徒が深く学ぶ学習活動を構成しましょう。地域の小学校で、どのような学習活動が行われているか、理解することも必要です。

中学校における、古典学習の具体的な範囲と言語活動例は以下の通りです。

・古典の様々な種類の作品群にふれる

①和歌、俳諧　近代、現代の短歌・俳句の世界につながる短詩型文学の世界です。文学史的な背景を踏まえ、和歌・俳諧の理解、明治期の短歌・俳句の革新運動を学ばせましょう。

②物語、随筆　近代、現代の小説や随筆につながる世界です。それぞれの時代の中での人々の生活を理解させ、現代の生活を比べさせましょう。近代以降の文章も学びの材料となります。

③漢文、漢詩　外国文化の受容の世界です。日本文化の基底を作ってきた中国文化の受容を学ばせましょう。

・語彙を増やす　ことわざ、慣用句、故事成語といった、今も使われている言葉の数々に触れ、語彙（概念）を増やしましょう。

・古典芸能を知る　能、狂言、歌舞伎、古典落語、地域の伝統芸能とその担い手を通して、それぞれの時代に培われ今も息づく文化を知り、生活を豊かにしましょう。

Q

2 教科書教材とその他の資料の導入

教科書教材だけでなく多くの資料を扱うにはどうしたらよいでしょうか？

A

多くの資料があることが前提ではありません。まず、教科書から出発することが大切です。

①まず、教科書掲載の作品と手引きで示されている学習活動について十分に理解し、実践しましょう。

②十分な作品研究や教材研究を基に学習活動の幅を広げていきましょう。

❶教科書掲載の作品と手引きで示されている学習活動について十分に理解し、実践する

多くの資料を使わないと学習活動が成立しないと考えるのは本末転倒です。現在の教科書は充実した編集をされた多くの資料を掲載しています。コラム的な資料や一年を通して活用できる資料もふんだんに掲載しています（例えば、「百人一首」一覧、読書案内、故事成語・ことわざなど）。これらを十分に活用し、学習活動をデザインしていきましょう。学習の手引きで示されている学習活動も重要なものです。

学習活動を組み立てる際に重要なのは、次の三点の意識です。

○視写（作品をノートに書き写す）→学習活動を記録するノートづくりを目指します。

○音読　教師の範読から個人の音読へ（「歴史的仮名遣い」や古典の言葉に注目させます）。「習うより慣れろ」という古くからの指導法は生かしましょう。

○もっと深められる学習活動のデザインはないかと問い続けましょう。

教科書教材以外の部分（章段）も学習材として使用したり、現代語訳を利用して作品の全文を読んだりというような学習活動のデザインが考えられます。

❷十分な作品研究や教材研究を基に学習活動の幅を広げたい。（作品研究、教材研究については次項参照）

担当した学年の古典の学習について、一年に一作品（一題材）は深めようという意識で臨みましょう。この営みが生徒に深い学びをもたらすための、教師の深い学びの準備です。少しずつ幅が広がる学習活動を目指しましょう。

Q

3 学習活動を踏まえた作品研究・教材研究

作品研究や教材研究の方法や考え方を教えてください。

A

作品研究は教師の古典の世界への広い知識と深い理解を培います。教材研究は生徒の学習活動に結び付く研究です。

①作品研究、教材研究は一読者として作品に向かい合うことから始まります（作品を通読してみましょう）。

②作品研究とは、作品や古典の世界の時代背景、作者・筆者の理解、作品の分析、作品がもつ価値（おもしろさ、どのように読まれてきたかなど）の考察を教師が行うことです。

③教材研究とは、作品研究を基に、生徒の実態を考慮して価値的な学びと技能的な学びがある学習活動を構成する営みです。

❶ 作品研究、教材研究は一読者として作品に向かい合うことから始まる

一読者として、作品の全体に向かい合ってみましょう。執筆されて何百年という時間を経た今、作者・筆者と一対一で向かい合うと見えてくるものがあるはずです。これは「古典」だと読むのではなく、一読者として言葉の一つ一つ、人物の感情、描かれる風景を体感する楽しみを教師自身がもつことが大切なのです。その体感が授業での語りとなり、生徒の興味・関心を喚起する源となるのです。

○現代語訳版を活用して、作品全体をまるごと読みましょう。

○一年に一作品を深めるくらいのペースで、自己の積み上げを蓄積していきましょう。「『竹取物語』ノート」「『平家物語』ノート」「『おくの細道』ノート」のようなものが蓄積されたならば教員としての大切な宝です。

○一読者としての感想や思いを学習活動での課題化につなげられないか考え、構想しましょう。

例えば、『竹取物語』を通読すると次のようなことに気付きます。

・帝は六人目の求婚者だ。
・五人の貴公子の求婚譚は身分の順に語られている。一つ一つの話が独立して面白い。
・五人の貴公子の求婚譚はなくとも物語のストーリーは成り立つ。

『竹取物語』の全体を読む活動を取り入れ、物語の構造を考えるという学習活動の構想が生まれます。

また、『平家物語』を通読してみて次のような点に気付きます。

・なんと多くの人物が登場するかという驚き。名前もおもしろい。人物関係の複雑さ。
・人間の死というものが争いや戦いの中で簡単に語られ、美化される驚き。
・なんとなく知っていたあの歴史的な事件がこの流れの中にあるという発見。（『平家物語』が歴史を語りついだという事実）
・日本人が愛してやまないこの物語群の魅力は何だろうという思い。
・『平家物語』の前史、そして物語後の顛末への興味。

これらから、教師が『平家物語』について深く語り、興味・関心を喚起する時間が必要であると構想できます。生徒が体感する『平家物語』の序章を構成するという構想が生まれます。教師の語りは、古典の学習においては、最大の教材です。

❷▼作品研究とは、作品や古典の世界の時代背景、作者・筆者の理解、作品の分析、作品がもつ価値の考察を教師が行うこと

○作品研究の大切さ（楽しさ、苦しさ）

古典だけではなく、教材・学習材の作品研究に取り組もうという意志をもつことに楽しみがあり、また苦しさもあります。ネットワークを作って共同研究で学びましょう。

○作品研究の手順（共同研究が有効）

・関連リストを作る（原典、現代語訳、解説書、研究書）。

・通読（現代語訳をたよりに）し、作品の分析と課題をもつ。解説書などで課題解決する。
・授業で扱う部分の分析をする（背景、構造、人物、テーマなど）。
○文化史的・文学史的な俯瞰をもつ。
作品や古典の世界の時代背景、作者・筆者の理解、作品がもつ価値（おもしろさ、どのように読まれてきたかなど）を知る。
※参考にしたい文献　『日本文化史』家永三郎（岩波新書）、『日本文学史序説』加藤周一（筑摩書房）
○作品研究を行う時期
長期の計画を立てて臨みたいところですが、なりよりも蓄積することが大切です。今年はここまでかなという自己の限界を意識することも大切です。

❸ 教材研究とは、作品研究をもとに、生徒の実態を考慮して価値的な学びと技能的な学びがある学習活動を構成すること

○生徒の実態の把握　生徒の古典学習体験の把握や学習活動の程度の把握を行いましょう。
○価値目標と技能目標　価値目標：内容読解に関する目標（物語の魅力を知るなど）、技能目標：つけたい技能の目標（音読・朗読の仕方、歴史的仮名遣いの理解、話し合いの仕方、発表の仕方など）
○学習活動のデザイン　音読や書くこと、話し合うことを通して、実態を踏まえたデザインをする。
○学習活動のゴールとモデル　学習活動の最終ゴールを明確に示し、自覚をもたせます。教師は学習活動の適切なモデルをしっかりと生徒に示します。これが評価規準となります。
これらを研究することが、単元をつくることにつながります。

Q

4　目標・課題の設定

古典の世界に「ふれる、楽しむ、親しむ」ということはどういうことでしょうか？

A

古典の世界は、過去のものだけではありません。現代社会にも息づいている世界であり、未来にもつながっていく言葉の世界、文化です。豊かに受け継ぐために「ふれる、楽しむ、親しむ」ことが重要です。

①日常の生活の中に息づく物語や言葉、文化が過去からの継続であるという意味で、生徒が一人の読者として「ふれる、親しむ、楽しむ」という姿勢が大切です。

・「ふれる」とは〈知る〉こと
・「楽しむ」とは〈発見する〉こと
・「親しむ」とは〈体感する〉こと

②未来につなげていかなければならない世界を深く知り、考えるということに「ふれる、楽しむ、親しむ」ことの意味があり、言葉や文化への自覚を生み出します。

❶ 日常の生活の中に息づく物語や言葉、文化が過去からの継続であるという意味で、生徒が一人の読者として「ふれる、楽しむ、親しむ」という姿勢をもつ

新学習指導要領の「我が国の言語文化に関する事項」では、指導事項として、一年「ア　音読に必要な文語のきまりや訓読の仕方を知り、古文や漢文を音読して、古典特有のリズムを通して、古典の世界に親しむこと」、二年「イ　作品の特徴を生かして朗読するなどして、古典の世界に親しむこと」、三年「ア　歴史的背景などに注意して古典を読むことを通して、その世界に親しむこと」が挙げられています。指導事項であると共に、大きな目標と考えてよいでしょう。しかし、この「ふれる、楽しむ、親しむ」ということがらの意味を授業者は次のように考えなければなりません。

○ふれる〈知る〉　　古典の世界や言葉遣いを知る。
○楽しむ〈発見する〉　古典の中に作者・筆者のメッセージやテーマを発見する。
○親しむ〈体感する〉　一人の読者として、時間を超えて作品の世界を体感する。

このような目標設定、課題設定がなされているか自分自身に問うてみましょう。

❷ 未来につなげていかなければならない世界を深く知り、考えるということに「ふれる、楽しむ、親しむ」ことの意味があり、言葉や文化への自覚が生まれる

高校生の七〇％は、古典学習に嫌悪感を持ち、意味がないと捉えているという調査があります。特に文語文法の分析がネックになっています。古典の学びを無意味で苦痛を伴うものとするのではなく、言葉や文化の継承者として、これからも一読者として関わっていきたいと思える学習が目指されなければなりません。

Q

5　言語活動の工夫

どのような言語活動の工夫が考えられますか？

A　古典の作品群や古典芸能の世界と言語活動の結び付きを考え、学習活動をデザインしていきます。

①価値的な目標と技能的な目標を明確にして言語活動をデザインします。

教師は常に頭の中に①価値的な目標（内容）、②技能的な目標（内容）を入れておきましょう。

②何を目指し、どのように学習をしていくのかを明確に示します。

③言語活動例
- ○音読・朗読・群読などの読むことを中心にした学習活動
- ○全文を現代語訳などを活用して読み、課題を追究する学習活動
- ○作品を基にした創作活動
- ○テーマ設定による随筆・批評を執筆する学習活動
- ○作品研究をプレゼンテーションする学習活動

❶ 価値的な目標と技能的な目標を明確にして学習活動をデザインする

○「確かな学力」と「言語活動の充実」

現行の学習指導要領は、「生きる力」の育成という理念の基に、「確かな学力」、「豊かな心」、「健やかな体」という目標の調和をとり、特色ある教育活動を求めています。中でも「確かな学力」の重要な要素として、1基礎的・基本的な知識技能、2思考力・判断力・表現力等の能力、3主体的に学習に取り組む意欲・態度を挙げています。習得・活用・探究というプロセスと説明されることもありますが、これらの要素は順番を示すものではなく、特に国語科においては総合的に育成されるべきものとして考える必要があります。このような学力の分析を基に、全ての教科や学校生活においての「言語活動の充実」を目指し、学力について整理したところに、現行の学習指導要領の特徴があります。

しかし、「言語活動の充実」がなぜ重要なのか、「言語活動」の質はどのようなものであるべきなのかは、あまり語られてこなかったように感じます。「言語活動の充実」が重要である理由は、「確かな学力」の要素である「思考力・判断力・表現力等」が言葉の力であるという、古くて新しい問題があるからです。思考（感受、比較、分類、根拠理由の把握、推量、関係付け、具体化、抽象化など）を通じて、判断（自己の考えを形成）し、表現（場や相手に応じて適切に表明）する行為は全て言葉によって行われます。したがって、これらのプロセスを大切にし、意識した「言語活動」が計画実践されなければならないのです。単に、話し合いや発表があれば言語活動であるということにはならないのです。思考力・判断力・表現力という言葉の力を高めていく言語活動の質が求められていると考えましょう。

○次期学習指導要領では

次期学習指導要領では、「確かな学力」の育成を「主体的・対話的で深い学び」（アクティブ・ラーニング）を通して行うことを目指し、全ての教科等の指導事項を1知識及び技能、2思考力・判断力・表現力等、3学びに向かう力・人間性の三つの柱で再整理したことが大きな特徴です。「主体的・対話的で深い学び」（アクティブ・ラーニング）は、現行の学習指導要領で強調された「言語活動の充実」の質的な向上・深化を目指した方法論として考えられますが、その具体的な方法と、「深い学び」をどのように考えていくかが今後の学校現場での大きな課題です（例えば、より協働的な言語活動を通じて目指される「深い学び」を「学習を通じて継続して湧き起る課題意識と課題追究行動力」などと考えることができますが、各教科や学校現場での考えを明確にして実践をしていく必要があります）。

○国語科の役割

現行の学習指導要領での学力の考え方を、全ての指導事項に当てはめて再編成するということは、一見合理的で効率的であるように見えますが、各教科等のねらいや指導事項の質や扱いの軽重を考えたとき、今後広い論議が必要となるでしょう。特に国語科においては、一つの教科という枠組みでは考えられない特質があります。扱う対象は言語生活全般です。国語科独自で扱う対象（物語、小説、言語文化、国語諸要素）以外に、全ての教科等で扱う対象、社会生活における様々な事象が国語科の価値ある教材であり、学習材です。また、国語科で育成する「話すこと・聞くこと」、「書くこと」、「読むこと」の言語能力は、全ての教科等に生かされていかなければなりません。国語科で学習した方法を各教科で生かしてもらうという国語科の役割があります。この意味において、国語科は一教科として完結できないという特質をもつと言えるのです。

○今までのまとめ

・現行の学習指導要領

「生きる力」の育成という理念は「確かな学力」「豊かな心」「健やかな体」の調和。「確かな学力」の重要な要素として

1　基礎的・基本的な知識技能

2　思考力・判断力・表現力等の能力

3　主体的に学習に取り組む意欲態度が挙げられます。

（習得・活用・探究というプロセスと説明されることもある。これらの要素は順番を示すものではなく、特に国語科においては総合的に育成されるべきもの。）

↓

全ての教科や学校生活においてのあらゆる場面で「言語活動の充実」を図る。

「言語活動の充実」がなぜ重要なのか。それは、「確かな学力」の要素である「思考力・判断力・表現力等」が言葉の力であるから。これらの言葉の力を育成する言語活動が求められている。古くて新しい問題である。

思考（感受、比較、分類、根拠理由の把握、推量、関係付け、具体化、抽象化など）を通じて、
判断（自己の考えを形成）し、
表現（場や相手に応じて適切に表明）する
　一連の行為はすべて言葉によって行われる。

←

これらのプロセスを大切にし、意識した質の高い「言語活動」が大切。

・次期学習指導要領

「確かな学力」の育成は、「主体的・対話的で深い学び」（アクティブ・ラーニング）を通して、全ての教科等の指導事項を三つの柱で再整理する。

1　知識及び技能
2　思考力・判断力・表現力等
3　学びに向かう力・人間性等

「主体的・対話的で深い学び」（アクティブ・ラーニング）は、現行の学習指導要領で強調された「言語活動の充実」の質的な向上・深化を目指した方法論

例えば

↓

主体的　自分自身を信じて学習する態度、広く社会に向けられた視線
対話的　協働（生徒と教師、生徒同士、生徒と地域、書物等の情報から）学習
　　　　自己の考えの形成と他者との関わりを重視
深い学び　学習を通じて継続して湧き起る課題意識と課題追究行動力

などのイメージを内包した「言語活動」が目指される。

↓

国語科では
・言語生活における課題を「主体的・対話的で深い学び」で学び、言葉の力を培う。
・「話すこと・聞くこと」「書くこと」「読むこと」の技能能力を「主体的・対話的で深い学び」で学び、言葉の力を培う（言葉の力は、思考力・判断力・表現力等）。

↓

全ての教科等に生かす。
国語科で学習した方法知を各教科で生かしてもらうというのが国語科の役割である。
○国語科の学習活動の目標

国語科の学習は、一教科の学習として完結しないということを述べてきました。今後、ますますこの意識は必要なものとなってきます。そこで、次のように学習活動の目標を明確に設定することが必要です。

・言語生活における課題を「主体的・対話的で深い学び」で学び、言葉の力を培う

↓ 価値的な目標

・「話すこと・聞くこと」、「書くこと」、「読むこと」の技能を「主体的・対話的で深い学び」で学び、言葉の力を培う　↓　技能的な目標

（言葉の力は、思考力・判断力・表現力等）

この二つの目標は、相互に学習活動の中に組み入れられ、行ったり来たりしながら補完的に学習活動を構成するという学習デザインに結び付きます。

○古典（言語文化）の学習では、次のような目標と学習活動が考えられます。

価値的な目標

・古典の世界の歴史的な意味や文学史的な位置　・古典の世界の言葉や風習

・古人が伝えるメッセージや考え方（現代との共通点と相違点）

・多くの人が読み継いでいった背景

・地域に残る伝承や芸能の世界の意味や背景　・これからも伝えたいこと

技能的な目標

・古文を声に出して読むことの楽しさ（音読のリズムの体感、意味をとる）

・古文を書き写す（文字を体感）　・テーマやメッセージを読み解く

・テーマやメッセージについて自己の考えを書く

・生徒同士、生徒と教師で協働して新たな発見をする
・自己の考えや協働して発見したことなどを発表して評価し合う

❷何を目指し、どのように学習をしていくのかを明確に示す

○まずは教科書から
全ての学習は教科書から出発すると考えましょう（教科書を使用するという義務も含めて）。

指導者の準備
・扱う教材（学習材）の歴史的・文学史的な理解→生徒に十分に語ることができるか（作品研究、教材研究の項参照）。
・教科書の手引きなどで示された学習活動の吟味→価値的な目標と技能的な目標を踏まえた学習活動ができるか。追加する事項、扱わない事項を考える。
・学習活動の到達点（ゴール）を考えた活動計画を考える。
・言葉の力（思考力・判断力・表現力等）を培う計画になっているか吟味する。
・教材（学習材）が教科書掲載の部分だけでなく、ほかに必要か。その他の文献などが必要か考え、準備する。

○「単元をつくる」という意識
・上記のような準備の中で、無自覚に教科書の手引きに従うだけでなく、教師自らが「単元をつくる」という意識が重要です。教材（学習材）の吟味、目標設定、学習活動計画の吟味になります。
・最初に単元名をつくってみるのもよい方法です。生徒の学習活動と目標が明確になります。

（例 「『竹取物語』の秘密を探る」、「『平家物語』を生きた人々との対話」、「『徒然草』のメッセージはこれだ」、「私が歩く『おくの細道』」）

・生徒に学習活動の到達点（ゴール）と学習活動と方法を明確に示し、自覚的な学習を促します。

❸ 言語活動の工夫として考えられる活動

○音読・朗読・群読などの「読むこと」を中心にした言語活動

単元名 「『平家物語』を生きた人々との対話」（ゴールは朗読発表会に設定する）

二つの目標 ・『平家物語』の世界に生きた人々の考え方に迫る。

・朗読を通して登場人物の生き方に迫る。

学習活動計画（方法を含めて）

教師の『平家物語』についての語りを聞く→教材（学習材）複数を現代語訳を参考に読む→音読・朗読の準備（グループ活動、声の出し方、朗読の仕方、人物が際立つ朗読台本の作成、練習）→朗読発表会（人物への理解、朗読の評価）

言葉の力

思考力（感受、推量、関係付け、抽象化）、判断力（人物像の捉え方）、表現力（朗読）

○全文を現代語訳などを活用して読み、課題を追究する、「読むこと」「書くこと」「話すこと・聞くこと」の言語活動

単元名 「『竹取物語』の秘密を探る」（ゴールは作品集の交流に設定する）

二つの目標 ・『竹取物語』の世界の様々な要素を考える。

・全文を読み通すことによって、自己のテーマを掘り下げ交流する。

学習活動計画（方法を含めて）

教師の『竹取物語』についての語りを聞く↓教科書教材（学習材）を読み学習の出発点とする↓全文を読み、自己のテーマを見つける（テーマ例を示す）↓自己のテーマに沿って、調べながら自己の考えをまとめる↓（作品集にする）↓作品集を読み、相互にテーマへの迫り方、発見を確認する

言葉の力

思考力（感受、比較、分類、推量、関係付け、抽象化、具体化）、判断力（自己のテーマの掘り下げ）、表現力（作品集への執筆、交流での意見交換）

その他

○作品を基にした「書くこと」創作の言語活動　「私が歩く『おくの細道』」（自分の紀行文作成）
○テーマ設定による随筆・批評を執筆する「書くこと」「話すこと・聞くこと」の言語活動
「『徒然草』のメッセージはこれだ」（『徒然草』多数の章段を読み兼好法師のメッセージを解読）
○作品研究とプレゼンテーションの言語活動　（「和歌の世界の人々」和歌の世界の研究）

Q

6　文法や言葉の指導

文法や言葉の指導はどのようにすればよいのでしょうか？

A　文語の言葉のきまりや訓読の仕方は、音読や朗読を通して基本的なことがらを学ばせましょう。古典の言葉は現代にどのようなつながりがあるかを考えさせましょう。

①文法は基本的なことがらを中心に指導します。

「けり」という言葉がたくさん出てくるけれど、どういう意味だろう？

過去を表す基本的な助動詞です。

②言葉の指導は言葉の背景や意味の生成に注目させましょう。

③生徒が調べる学習も大切にします。

ただ調べるだけでなく、ノートなどにまとめることも大切です。

❶ 文法は基本的なことがらを中心に

中学校での古典の学習では、文語文法については詳しく扱いませんが、基本的なことがらについてはふれる必要があります。音読・朗読の練習において繰り返し確認していきましょう。

○重要な助動詞　「けり、たり、ぬ、なり、べし、ず」の意味、活用変化

○重要な語法　　係り結び「ぞ、なむ、や、か、こそ」を受けた語尾の助動詞の変化、意味

❷ 言葉の指導は言葉の背景や意味の生成に注目させたい

言葉の学習も、音読・朗読、視写によるノートづくりを通じて定着させましょう。

○歴史的仮名遣い（現代仮名遣いも学びの対象）

○古典の言葉　・現代語と共通の語形意味の言葉

・現代語と語形は変わらないが意味が違う言葉　「うつくし、ゐる」など

・現代語にはない言葉　「いと、たばさむ」など

・地名、月の名、時刻など

❸ 生徒が調べる学習も大切。蓄積できるノートづくりを

○作品研究、教材研究の項で「『平家物語』ノート」などを作ることを勧めましたが、生徒のノートの在り方も考えましょう。国語科の教科経営の中で、古典ノートを三年間作らせるという取組があってもよいでしょう。生徒自身が調べたことを蓄積させ、確認するノートとなるでしょう。

Q

7　地域教材の発掘

地域の伝統的な言語文化にもふれたいのですが、どのようにしたらよいでしょうか？

A　地域に伝わる言語文化が、大切な文化遺産であるという自覚を育てましょう。

①作品に登場する地域、人物、歴史的な出来事の理解への誘いを工夫することで、身近なものの中に伝統や文化が息づいていることに気付かせたいものです。

校歌には地名や名所・旧跡が出てきたりするよね。そこから派生させながら地域に伝承されている事柄に目を向けさせるのもいいね。

②地域の伝統的な古典芸能などの継承を意識させましょう。

地域の祭りや風習について家族や地域の人々に話を聞くことは「話す・聞く」ことの学習にもなるね。

③地域全体での学習プログラムの構想をすることは、生徒はもちろん地域を盛り上げることにつながります。

地域にある資源を活用することは歴史がつながるとともに、人がつながることにもなるね。みんなの学習が地域の活力を生み出すかもね。

❶▼作品に登場する地域、人物、歴史的な出来事に関する理解への誘いの工夫をすることで、生徒たちは興味・関心を高め、主体的な学習を引き出すことができる

今住んでいる地域の歴史や自然について関心をもつことは、「伝統と文化を尊重し、それらをはぐくんできた我が国と郷土を愛するとともに、他国を尊重し、国際社会の平和と発展に寄与する態度を養うこと」（「教育基本法」教育の目標）につながります。扱う作品について生徒に説明させることで生徒の興味・関心を高めることができます。そのうえで、教師のもっている情報を少しだけ提供しましょう。身近な事象が出てくれば生徒たちの意識が高まり、自主的な学習に導くことができるはずです。

例えば、身近な校歌の歌詞にはその土地の名所や旧跡がよく登場します。地名には必ず由来があります。それらから派生させながら地域に伝承されている事柄に目を向けさせましょう。身近なものの中に伝統や文化が息づいていることに気付かせたいものです。

❷▼地域の伝統的な古典芸能などの継承に目を向けさせる

各地には多くの伝統芸能や行事が息づいています。体験したり参加したりして、古人の心にふれることは貴重な学習です。特に、祭りは参加すること自体が楽しく、その由来や歴史について話を聞いたり自分たちで調べてみたりすることもよいでしょう。それをレポートにまとめたり、下級生に話したりすることで理解が深まり、地域への愛着や誇りを高めることにもつながります。

❸▼地域全体での学習プログラムの構想

地域には文字文化として残っている学習材とともに、伝承されている民話や伝説、歌謡、方言などもあるでしょう。地域の文化・伝統を生かした単元づくりに積極的に取り組んでみたいものです。研

修会や学習会など、仲間で知恵を出し合って新たな単元をつくることも指導力の向上につながります。

岩間正則は、教材化に向けての留意点として、次の三点を挙げています。
・地域の文化・伝統を活かす教材を扱うことの学習のねらいを明確にする。
・学習活動との関連を考える。
・地域の文化・伝統を活かす教材として、地域をどの範囲まで広げるかを考える。
（岩間正則「中学校で地域の文化・伝統を活かす教材開発を考える」『月刊国語教育研究』No.441）

中学校・高等学校の教科書に取り上げられている『古事記』、『更級日記』、『伊勢物語』、『平家物語』、『おくのほそ道』などは地域と関連したものが描かれている可能性があります。それらを学習材として与える場合は、生徒の実態を踏まえながらどの程度まで原文を与えるかを考えてみてください。現代語訳や解説文で作品の全体像にふれることも学習です。

各地には歌碑や句碑が残っている場合があり、散文に比べれば、和歌や俳句は地域に関連したものが見つかりそうです。

特に、『万葉集』は作者、時代、歌の内容（愛、家族、自然、旅など）、歌体、地域など、多様性をもつ学習材です。大多数は貴族の文学ですが、巻十四には東国農民の歌、巻二十には防人の歌が収められています。自分の地域に関連する歌を選び、リストを作るのも一つの学習です。テーマを決めて、それぞれのグループで歌の紹介や人々の思いについて分析して、新聞づくりやポスターにまとめて発表したり鑑賞したりすることで、『万葉集』についての理解を深める学習になります。

千葉県では地域の文化や伝統を生かす学習材を開発した実践があります。

【中二】伊藤究「『語り』でつなごう　ふるさとの心」（『月刊国語教育研究』No.429号）

千葉県市原市の民話を集めた『市原の民話』を主たる学習材とし、テラブレーション（語りの祭典）に参加して地域に伝わる昔話の再話を行いました。


第一次…地域の語り部を招いてふるさとの民話を聞く。「語り」の学習の見通しをもつ。

第二次…民話について理解を深めながら自らが語るための脚本を作る。

第三次…脚本を覚える。語りの練習をする。

第四次…小学校や公民館で口演する。


【中一～中三】石村由里「『南総里見八犬伝』を学習材とした中学校古典学習」（『月刊国語教育研究』No.537号）

千葉県安房地区の国語研究会のメンバーで、曲亭馬琴『南総里見八犬伝』ダイジェスト版を作成しました。作品の大筋が分かり学習者の興味を喚起させる場面を選定し、地域の生徒全員に印刷して配布し、学習材として中学校三年間を通して継続的・類型的な学習に取り組みました。


中一…作品を音読することで、リズムや響きを味わう。漫画の一部やイラストなどの吹き出しに言葉を入れるなどして「マイブック」を作り、内容のあらましを知り作品の魅力に気付く。

中二…「タイトルシークエンス」制作を通して、古語のもつイメージを味わいながら読み進める。発表会では制作した理由や根拠を考えて述べることで、古典作品の読みを深める。

中三…印象に残った場面を五七調に書き換える。文章の叙述を根拠に表現させる。互いの作品を分類したりそのよさを見つけ出すことで、さらに古典に親しませる。

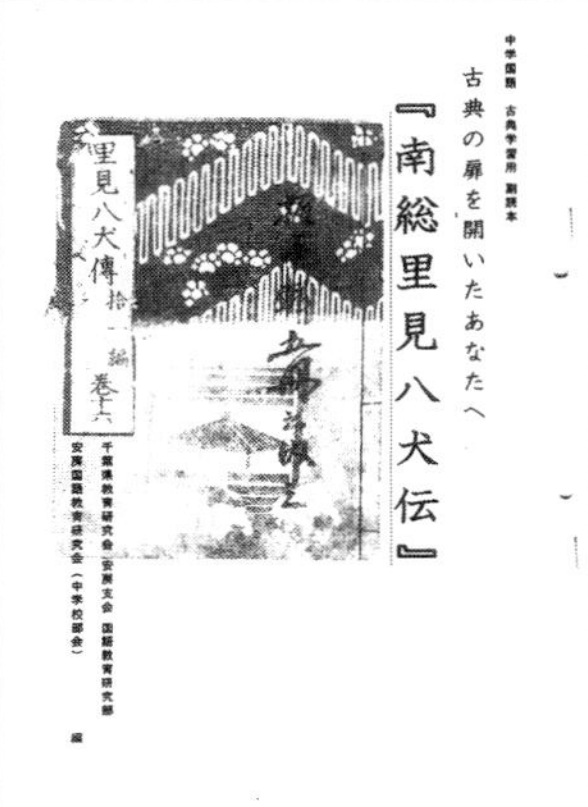

目次
はじめに
あらすじ
美少女「伏姫」
霊玉の数珠
「犬掛」の由来

名犬「八房」「義実」の戯れ言
飛び散る八玉
信乃と荘助の出会い
激闘「芳流閣」
宿望成就

補足資料
八犬士と八玉
登場人物小辞典
作者について
舞台（地図）

【中三「千葉県の伝統的な言語文化を活用する古典学習指導
～地図を歩く古典文学散歩 千葉県版～」大澤由紀（『月刊国語教育研究』No.461号）

(1)朝読書の十分間で古典を読書する

(上代)・『古事記』国の始まり（習志野）、東征・白鳥伝説（木更津）、真間の手児奈（市川）
・『万葉集』（東歌、七夕） ・下総三山の七年祭（習志野・八千代・千葉）
(中世)・『更級日記』（習志野・千葉） (近世)・『南総里見八犬伝』（安房）

(2)読書活動の中での古典学習
・古典原文部分（和歌中心）を音読、古典のリズムを味わう。
・豆知識カードで時代背景や地理的内容を把握する。

・視写する。表記、人物把握、作者の思いを捉える。など
⑶表現活動を取り入れ、読書した古典を活用する
①読み比べる…「手児奈」を扱った山部赤人と高橋虫麻呂の違い。
②書き換える…更級日記の作者になりきって書く。
③朗読する　…『南総里見八犬伝』原文の朗読会を開く。

【中二「言語文化を生かした協働的コミュニケーション能力の育成
　～地域（富津市周辺）の民話発表会を通して～」藤嵜啓子（『月刊国語教育研究』No.543号）
　国語科と総合的な学習の時間との連携を図り、中学校三年間のカリキュラムとして地域を愛する心
　　を育む「地域単元」を展開した。
第一次…ストーリーテラーを迎え、語りと再話のワークを行う。
　　地域の語り部の民話を聞く。地域の民話を読む。
第二次…語りたい民話を選び脚本を書く。
第三次…個人やグループで練習する。身振り手振りなどのノンバーバルコミュニケーション、導入に
　「枕」を入れること、参加型にすることなどを工夫する。
第四次…学級、学年で発表会を行う。宿泊研修先の福島県で現地の語り部との交流会を実施する。
　出身小学校、保護者会、地域の公民館で披露する。

Q

1　教師の語り

教師の語りが重要だと言われますが、どのようにしたらよいでしょうか？

A　作品や古典芸能について、簡潔かつ魅力的に語ることが、生徒の学習へのいざないとなります。

①教師の作品研究、教材研究が重要です。歴史的価値、魅力的な人物、現代に息づく世界などの中から今後の学習のきっかけになりそうなことを紹介しましょう。教師の熱い思いは、生徒に伝染するものです。

②語る際には視覚的に訴える資料を提示することで、興味・関心をさらに高めるとともに瞬間的な理解につなげることができます。

地図は、作品の全体像をつかませることができます。また、映像の活用は理解を助ける効果的な手段です。

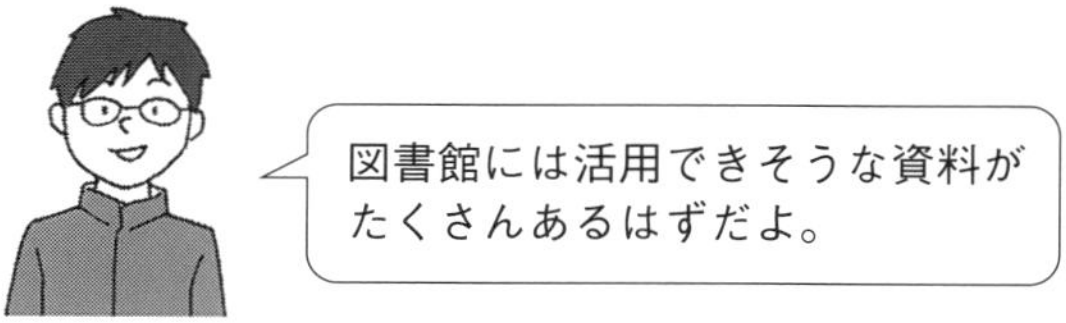
図書館には活用できそうな資料がたくさんあるはずだよ。

③図書館司書などの協力を得て、生徒が理解できそうな資料をたくさん集めて、手にとりやすい環境をつくりましょう。

❶ 教師の作品研究、教材研究が重要

古典作品の歴史的背景、主題の把握、魅力的な人物など、教師の捉え方、現代に息づく世界などを魅力的に伝えることは、生徒の興味・関心を高め、やる気を引き出します。

現代に継承されてきた古典作品には、日本人としてのものの見方や考え方が数多く描かれています。古典を学ぶことの意義や楽しさを伝えましょう。教師の願いや熱い思いは生徒に伝染します。学習するそれぞれの作品のもつ魅力を、どのように紹介すれば生徒のやる気に火を点けられるのかを熟慮し、古典に親しむ学習を構想してみましょう。効果的な学習方法も挙げてみます。参考にしてください。

《物語》

まずは物語として楽しむ必要があります。ストーリーのおもしろさに加えて、登場人物に目を向けさせて作品の魅力に迫るような学習に取り組ませたいものです。

『竹取物語』

・作品を丸ごと読ませ（現代語訳や解説文も可）、美しいものや永遠なるものへのあこがれ、愛する対象を得た喜びと失う悲しみ、誠実と不実、かぐや姫に関する様々な疑問などについて話し合う。
・現代に残る言葉「あへなし」、「かいなし」、「富士の山（不死、不二）」などの由来が描かれている。

『平家物語』

・琵琶法師による語りの文学。「和漢混交文」の文体で漢語・対句・七五調・擬音語・擬態語などの表記も多く、音読・朗読・群読にふさわしい。
・「諸行無常」「盛者必衰」の世界観。貴族と武士の違い、登場人物の思いや考え、生き様の違いなど

について話し合う。

《随筆》

筆者の鋭い感性にふれ、古人の物の見方や考え方が現代にも継承されていることを実感させましょう。できれば教科書以外の章段を紹介し、読む時間を確保したいものです。

『枕草子』

・「をかし」、「あはれなり」の違いを考え、筆者の美意識や思考、情感にふれる。

・「春はあけぼの」を参考に四季の趣をそれぞれの視点で表現してみる。「はしたなきもの」、「うつくしきもの」などの「ものづくし」の部分を現代の視点で書き換えてみる。

『徒然草』

・序段に加えて「神無月のころ」、「猫また」、「仁和寺にある法師」、「公世の二位のせうとに」、「友とするにわろきもの」、「高名の木登り」、「ある人、弓を射ることを習ふ」なども読んでみたい。

・現代にも生きる知恵や日常の教訓になるものも多く、自分に当てはめて考えさせたい。

《漢詩、漢文》

訓読の仕方を知り、音読を通して漢文のリズムに慣れ親しむことが求められます。いずれも我が国の学問や文学に大きな影響を与えています。「漢詩」は本来朗誦の文学であり、定型・対句・押韻の技巧も朗誦の効果を上げるものです。まずは音読・朗読・暗唱に取り組みましょう。

『論語』

・漢文独特の言い回し、簡潔な文体、力強く歯切れのよいリズムがあり、音読・朗読・暗唱したい。

・自分にとって教訓になる言葉を引用しながら紹介文や批評文につなげたい。

《和歌・俳諧》

音読・朗読・暗唱を通して日本語の調べやリズムを感得し、語感や言語感覚を養うことができます。日本語の響きや日本語の美しさにふれながら古人の物の見方や考え方、あるいは、生き方、日本人の心を理解することにつながるはずです。たくさんの作品と出会わせることに努めたいものです。

『万葉集』

・作者、時代、歌の内容（愛、家族、自然、旅など）、歌体、地域等の多様性が魅力。好きな和歌をいくつか選び出し鑑賞したい。

『古今集』『新古今集』

・紀貫之、小野小町、西行法師、藤原定家といった有名な人物についての理解を深めつつ作品を鑑賞し、『百人一首』へとつなげる。

『百人一首』

・暗唱に加えてカルタ取りや坊主めくりも組み合わせて楽しみながら学習させたい。

『おくのほそ道』

・文章と俳句を読み味わい、優れた紀行文として情景を想像するとともに、全行程を意識させながら芭蕉の思いに迫らせる。

・中国の李白や杜甫の詩、平泉の歴史やその地で展開された出来事など、芭蕉の人生観に加え歴史的な背景など、興味関心のある土地や事柄、俳句について課題解決的な学習に取り組みたい。

❷ 語る際には視覚的に訴える資料を積極的に活用する

地図は作品の全体像をつかませることができます。また、映像の活用は理解を助ける効果的な手段です。「百聞は一見に如かず」と言われます。教師の語りに加えて、具体的な視覚情報を重ね合わせることで、生徒の興味・関心は確実に高まります。

《文字資料》

教科書の挿絵や脚注に注目させることに加え、学習に活用できそうな資料を数多く準備し提示しましょう。主体的で探究的な学習につながります。また、学校の図書館の中学生が理解できそうな参考資料を司書教諭などの協力を得て、できるだけ多く準備し、気軽に手にふれる環境づくりをしたいものです。

《映像資料》

最近はデジタル教科書に加え映像資料も多数あります。視覚教材をうまく活用して語ることで、興味・関心を引き出すことが可能です。ただし、文学のおもしろさは想像することにあり、同じ作品でも読み手によって解釈やイメージが異なります。それらを交流することによって広がりや深まりが生まれる学習のおもしろさがあります。古典の読み物もそうした要素がたくさんあり、解釈やイメージの固定化につながる映像資料は、与えすぎないことに配慮すべきです。

《古典を学ぶ意義》

古典は継承されてきたことに大きな意味があります。どのような価値観が大切にされ、文化として根付いてきたのか。その一端にふれながら、人間文化への洞察を深くすることが古典学習を幅広く豊かにしてくれます。生徒たちも古典に導かれて人間性や物事の見方・考え方を広げていくことができるはずです。話や表現の端々に古典が引用されると、理解が深まったり説得力が増したりします。

「文化としての言語を体験する上で、江戸古典随筆はふさわしい学習材である。啓発や哲学的内容に富んだ、簡潔な文章を読むことで思索の海に浸らせたい。人は言葉を通して錬磨される。」そう語る大澤由紀（千葉大学教育学部附属中学校）が推薦する江戸時代の随筆に次のものがあります。

> 『甲子夜話《かっしやわ》』松浦静山（平戸藩主）巻一の二、巻一の五十二
> 『常山紀談《じょうざんきだん》』湯浅常山　巻一
> 『うひやまぶみ』本居宣長
> 『雲萍雑志』柳沢淇園
> 『五輪の書』宮本武蔵
> 『葉隠聞書四』『葉隠聞書十一』『葉隠聞書十四』山本常朝
> 『徂徠九訓』荻生徂徠
> 『言志四録』『言志四録二五一』佐藤一斎

生徒の実態にふさわしい学習材を見つけることも教師としての醍醐味です。時間がある時に古典作品に目を通してみることは、自分を豊かにするとともに生徒たちにとって大きな学びの機会を生み出す可能性があります。挑戦してみましょう。

Q

2　音読・朗読の指導と学習活動

音読・朗読の指導方法と効果的な学習活動の在り方を教えてください。

A

音読・朗読での表現は古典の世界の理解のための手段であるとともに、古典の世界を体感することができる効果的な学習であることを理解しましょう。

①理解のための音読・朗読
音読を通して古典の原文にふれることは古典学習の基本です。朗読は理解したことを聞き手に伝える表現活動です。

朗読を工夫することは作品の解釈を高めることになるね。

②リズム・言葉遣いを体感することが古典の世界を体感することになります。古典にふれる・楽しむ・親しむために音読・朗読は不可欠です。

音読や朗読を入れることで授業が活性化するよ。
声を通じて言葉とふれ合うことで言語感覚を磨き、感性を育てることにつながっていくよ。

③授業が音読・朗読から始まることで、学習への参加意識が生まれます。最初は教師が範読し、全員で音読するようにしましょう。座ったままより、起立した方が力強い声が出て集中力も高まります。

❶ 古典の世界の理解のための音読・朗読を行う

現代語訳も含めた音読・朗読の工夫を通して、作品世界を理解することが目的になります。音読・朗読は理解のための手法ですから、音読・朗読・群読することが学習の目標になってはいけません。

《音読》

声に出して作品を読むことは古典学習の基本です。文字を言葉として理解し意味を捉えることができます。古典は原文にふれないとそのよさが分かりません。五七調や七五調のリズムやきりっと締まった古典独特の文体、あるいは特別な言い回しなどのおもしろさは声に出すことで実感できます。

《朗読》

音読に対して朗読は他者に伝えるための表現です。作品の語り手となり聞き手に向かって読み伝えることが目的になります。あまりに自由な解釈を許してしまうと共通の学習になりません。作品理解のための朗読であることを忘れないようにしたいものです。また、情景描写などの叙述にも目を向けて表現を工夫させましょう。朗読は黙読にくらべ体感的な感動を得ることができます。

《個人とグループ》

表現活動としての朗読は個人の取組であり、群読はグループによる表現の学習です。

《主体的な学習》

朗読や群読を設定することで、活動的で主体的な授業が生まれます。作品の内容を理解したうえで、それを聞く人にいかに伝えようかと工夫するからです。現代語訳はあくまで現代語ですが、古典のよさにふれる手段として大いに活用することを勧めます。

《暗唱》

音読→朗読→暗唱という流れがあります。好きな作品を何度も音読しているうちに気持ちを込めて朗読するようになり、知らぬ間に暗唱できるようになるというのが理想です。しかし、授業時間数を考えると意図的に暗唱の場を設定し、評価する姿勢も必要です。感性が豊かで記憶力が優れている時期に、優れた文章に触れることはその後の人生に大きな影響を及ぼすからです。生徒たちが楽しみながら名句や名文にふれる機会を積極的につくっていきましょう。

《群読》

群読は複数の人間でつくり上げる朗読です。

中でも琵琶法師の語りによって広められた『平家物語』は、群読するにふさわしい学習材です。漢語を多く用いた和漢混交文で力強くリズム感にも富んでいます。登場人物たちの喜びや悲しみ、葛藤の姿なども描かれており、生徒たちにも理解しやすい内容が豊富です。

群読をするためには文章を分解する必要があります。文脈のどこで区切り、誰が読むのかを考えます。一人か、二人か、グループか。男声か、女声か、混声か。高い声か、低い声か。やわらかい声か、強い声かなど。それぞれが捉えた作品の場面がイメージ化され群読をつくっていきます。群読をつくるための作戦会議の中で何度も作品を読み返しながら、互いの読み（解釈）を交流し練り上げていきます。授業者には、この練り上げのための時間と方法を保障することが求められます。協力し合うことで、一人では朗読できない生徒でも取り組むことができます。また、互いの発表を聞き合うことも勉強であり相互評価になります。主体的で協働的な学習が創り上げられます。

《評価》

朗読・群読の発表会は評価の場でもあります。それぞれの読みが披露され、「読むこと」の学習以上に「聞くこと」の学習になります。真剣に集中して聞くことで広がりや深みが生まれます。読みの解釈を交流したのちに、作品の内容についての発見や感想を記述させるのがよいでしょう。

まずは表現することの楽しさや喜びを実感させましょう。全体から受けるイメージや感じたことを伝え合うことで、その作品のよさやその場面のおもしろさを共有する学習にしたいものです。古典に親しむことを目的にする中学校の古典学習においては、朗読や群読を通して古人のものの見方や考え方にふれ、古典のおもしろさを実感することを目指したいものです。

❷ リズム、言葉遣いを体感することが古典の世界を体感することになる

生徒が古典の世界を体感するためには、教師の範読が重要になります。また、導入時だけでなく、学習全般にわたっての音読・朗読を実践していくことを勧めます。

《学習の継続》

生徒たちは小学校で音読・朗読を通して古典の世界にふれてきています。五七調や七五調の美しいリズムや、漢文の簡潔で力強い響きを実体験し古典のおもしろさを味わっています。中学校でもそうした学習を継続していくことで、高等学校への橋渡しをしたいものです。

小学校では和歌や俳句、文語詩などを取り上げるとともに、ことわざ・慣用句・故事成語・名句・名言などを通して、文語調の文章に親しむ学習が行われています。中学校で学習する古典作品の「竹取物語」、「枕草子」、「平家物語」なども掲載されており、主に音読を中心に古典にふれる学習が行わ

れています。そうした小学校の学習に色を重ねるように、内容の面白さに気付かせるのが中学校の学習です。

《音読の方法》

古典の原文は古典は難しいという印象を与え、生徒には抵抗感があります。そこで、教師が範読したあと、生徒全員で音読するようにします。どう発音するのか、どこで区切るのか、イントネーションは？ 等々。「習うより慣れよ」を実践しましょう。そして、ある程度読めるようになったら、次はすらすら読めることを目標とし、個人で、隣同士で、グループで、といった形態で読み重ねていくことが効果的です。

《朗読の方法》

他者に伝えることを意識した読みが朗読です。単元の後半場面に設定するのがよいでしょう。作品の内容を理解した上で、自分の捉えた作品の世界を工夫して朗読させたいものです。読み手も聞き手も理解が深まるとともに作品世界に浸ることができます。

《古典学習での意義》

声を出すことはエネルギーを必要とします。音読や朗読・暗唱を導入時に入れることで、授業が活性化します。また、生徒自身も授業に参加しているという実感がもてるとともに、基礎学力の定着にもつながっていきます。特に、古典の学習では文語に慣れるというねらいからも、音読や朗読を毎時間行うことにしたいものです。音読・朗読は言語感覚を磨き、言葉に対する感性を育てることになります。

『平家物語』群読のためのワークシート例

☆場面の様子が際立つように「群読」の作戦を立てよう

頃は二月十八日の　酉の刻ばかりのことなるに
折節北風激しくて、磯打つ波も高かりけり。
船は揺り上げ揺りすゑ漂えば、
扇も串に定まらずひらめいたり。
沖には平家、船を一面に並べて見物す。
陸には源氏、くつばみを並べてこれを見る。
いづれもいづれも、晴れならずといふことぞなき。

読みの分担を考える
男声？　女声？　混声？
一人？　二人？…全員？
読み方の工夫を考える
強く？　弱く？
ゆっくり？　速く？
間を空けるところは？

群読の作戦シート

☆場面の様子が際立つように「群読」の作戦を立てよう

女㊀ 頃は二月十八日の　男㊀ 酉の刻ばかりのことなるに
男㊁ 折節北風激しくて、混㊎ 磯打つ波も高かりけり。
女㊁ 船は揺り上げ揺りすゑ漂えば、
男㊁ 扇も串に定まらずひらめいたり。混㊎
女㊎ 沖には平家、船を一面に並べて見物す。
男㊎ 陸には源氏、くつばみを並べてこれを見る。
女㊎ 男㊎ いづれもいづれも、混㊎ 晴れならずといふことぞなき。
各二回繰り返す

読みの分担を考える
㊚声　㊛声　混声
㊀人　㊁人　…㊎員
読み方の工夫を考える
強く　弱く
ゆっくり　速く
間を空けるところは

Q

3　板書・ワークシート、ノートの作成

生徒の学習活動の記録の在り方は、どう考えたらよいでしょうか？

A　生徒の学習の軌跡が残るノートづくりを目指すことが大切です。

①本文の視写を通して、言葉のきまりや語句の意味の記載ができるノートづくりを丁寧に指導しましょう。

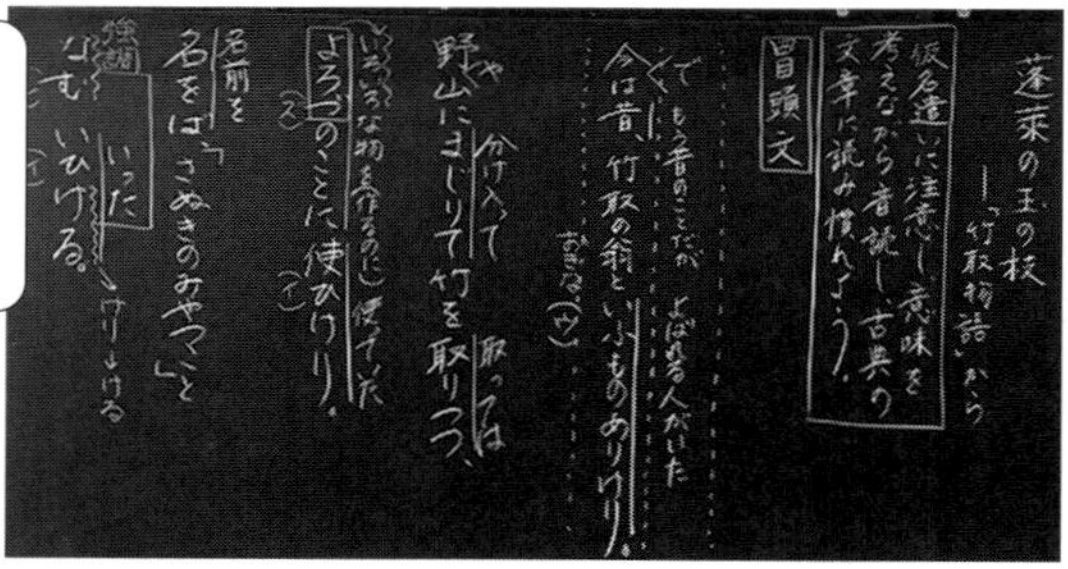

②視写の代わりに、本文や和歌、俳句をワークシートに掲載し、ポイントを記入させる方法もあります。ワークシートは、ノートに貼付させ、学習の軌跡が残るノートづくりを目指しましょう。

③家庭学習で学習内容の振り返りができるように、生徒の目線で板書・ワークシートの内容を精査しましょう。

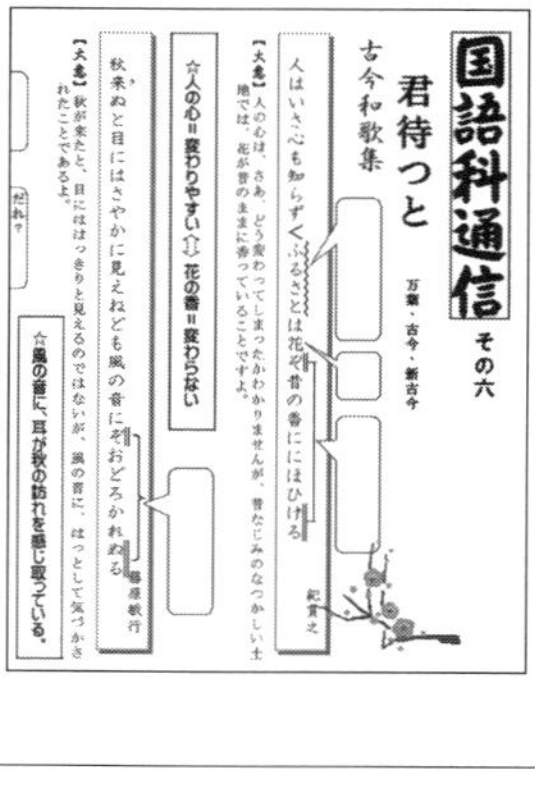
国語科通信　その六
万葉・古今・新古今
君待つと
古今和歌集
人はいさ心も知らずふるさとは花ぞ昔の香ににほひける　紀貫之
【大意】人の心は、さあ、どう変わってしまったかわかりませんが、昔なじみのなつかしい土地では、花が昔のままに香っていることですよ。
☆人の心＝変わりやすい⇔花の香＝変わらない
秋来ぬと目にはさやかに見えねども風の音にぞおどろかれぬる　藤原敏行
【大意】秋が来たと、目にははっきりと見えるのではないが、風の音に、はっとして気づかされたことであるよ。
☆風の音に、耳が秋の訪れを感じ取っている。
だれ？

❶ 本文の視写を通して、言葉のきまりや語句の意味の記載ができるノートづくりを指導する

古典の学習で大切なことの一つとして、「原文に慣れること」が挙げられます。原文に慣れる第一歩は、やはり音読です。繰り返し音読することで、生徒は古典独特のリズムに気付き、古典の世界に親しむことができます。

音読に加えて、原文に慣れるためにお勧めしたいのが視写です。原文をよく見てノートに視写することで、音読する際に学んだ文語のきまりを再確認できるからです。さらに、ノートに視写したテキストに言葉のきまりや語句の意味を記載した「傍注テキスト」を完成させることで、古典の文章を読むコツを生徒はつかみます。

「傍注テキスト」を作る際に注意すべきことは、書き方の見本を示すことです。まずは原文の最初の一文を板書し、右には現代語訳や省略された言葉を、左には読みがなを書き入れます。こうして全体で「傍注テキスト」の書き方を確認し、完成イメージを共有してから、各自で原文を視写させ、傍注を記入させます。また、各自の記入が終わったら、小集団でノートを見せ合い、正しく「傍注テキスト」が完成されているか、確認し合います。

そして最後は、自作した「傍注テキスト」を見ながら、音読です。これまでの音読とは異なり、省略された言葉や意味を確認しながらの自作テキストの音読で、より古典に親しむことができるはずです。

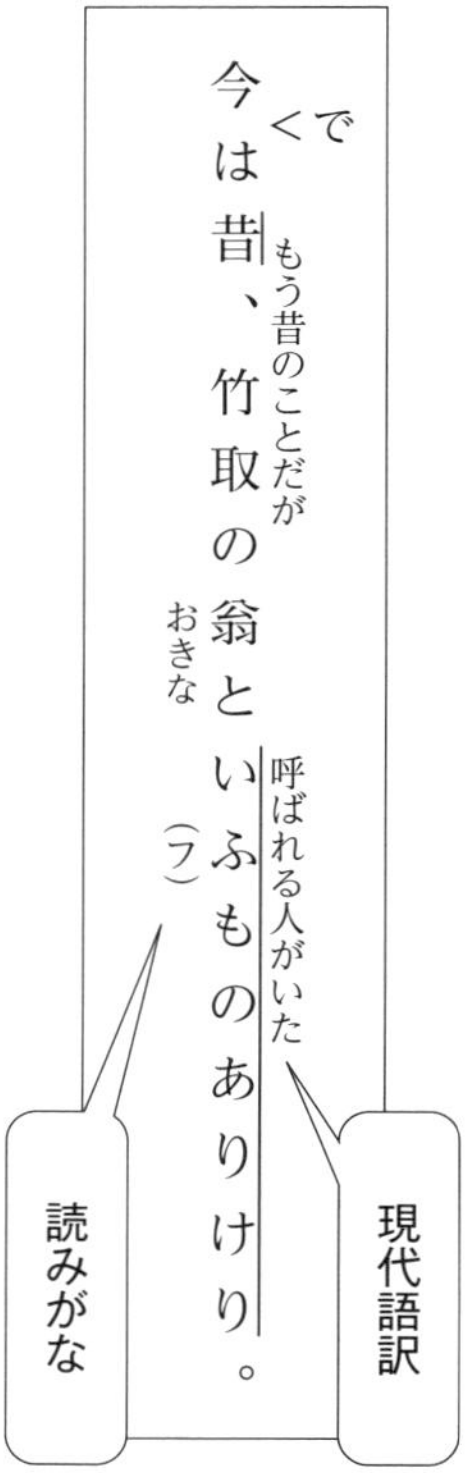

今は昔、竹取の翁といふものありけり。
でく
もう昔のことだが
おきな
呼ばれる人がいた
(フ)
現代語訳
読みがな

❷▾視写の代わりに、本文や和歌、俳句をワークシートに掲載し、ポイントを記入させる方法も有効

視写は有効な学習方法ですが、指導計画の関係から必ずしも視写の時間が確保できるとは限りません。そうした場合、本文や和歌、俳句などをワークシートに掲載し、言葉のきまりや語句の意味などのポイントを記入させる学習活動を計画しましょう。視写をしない分、帯単位で音読をする機会を多く取り入れ、原文に慣れるようにしましょう。

また、ワークシートは、授業後や単元後に回収して、指導者が生徒個々の学習活動の確認をします。返却後は、ワークシートを必ずノートに貼付させるようにし、学習の軌跡が残るノートづくりを目指しましょう。

❸▾家庭学習で学習内容の振り返りができるように、生徒の目線で板書・ワークシートの内容を精査する

板書にしろワークシートにしろ、一番大切なことは、生徒自身が家庭学習で振り返りができるかどうかということです。学習活動が充実していて、授業内で生徒自身に学びの実感があったとしても、家庭学習でノートやワークシートを見て、その日の学習内容を振り返ることができないのでは、その価値は半減してしまいます。家庭学習でノートやワークシートを基に、改めて授業での学びをメタ認知できるような板書計画、ワークシートづくりを心掛けましょう。

そのために、まず単元のねらい、本時のねらいを明確に提示し、生徒自身が単元や授業のゴールを理解していることが大切です。これらが板書され、ノートに書かれることで、振り返りがたやすくなります。

次に、板書計画を着実に行うことが大切です。板書の理想は、生徒がそのままノートに書き写しても、家庭学習で学習内容が想起できるものです。そのためにも、指導者は板書計画を立て、その板書だけで、生徒が学習内容を想起できるかどうか、生徒の目線になって吟味する必要があります。そうして吟味された板書ならば、生徒も板書を書き写すことを厭わなくなりますし、ノートをまとめる楽しさも広がっていきます。

ワークシートも同様です。ねらいを明確にし、振り返りを記入する欄も設けましょう。また、学習内容が想起できるものにするのはもちろんのことですが、生徒が書き入れる欄の大きさにも配慮をしましょう。

ノートまとめについては、国語科教室開きの中で、見本を基に丁寧な指導を行うことが望まれますが、折にふれ、指導者がノートまとめのポイントをアドバイスすることで、よりよい国語科ノートづくりが行えるはずです。

Q

4　メディア教材の使用

メディア教材の効果的な使用方法を教えてください。

A　導入時に使うことで、生徒の興味・関心が高まります。また、展開時に使うことで理解が深まります。

①導入時に、映像資料などを活用して時代背景や作品・人物などを紹介することで、生徒の興味・関心が高まります。

特に映像資料は、生徒の興味・関心度が高いです。

②展開時にデジタル教科書などを活用することで、生徒の理解が深まります。

大型テレビやタブレットなどで、デジタル教科書の活用を。

❶ 導入時における映像資料などの活用で、効果的に生徒を古典の世界に誘う

資料集やワーク、また、学校図書館にも多くの資料があります。そうした資料と比べて、映像資料には映像と音声により、短時間で多くの情報を得ることができるという利点があります。

イラストや写真もテキストの理解を助けますが、やはり映像資料の情報量には敵いません。生徒の興味・関心度も高く、映像資料を提示することで、生徒の集中力が格段にアップします。

映像資料というと、教科書会社が出しているＤＶＤなど、市販されているものを活用する方法がありますが、市販のものはどうしても高価になりますので、環境が整っていればＷｅｂの学校向けコンテンツがお勧めです（NHK for Schoolなど）。

映像資料を活用するときには、映像資料の内容に応じて、単元や授業のどの場面で活用すると効果的か考える必要があります。作品世界や作者、登場人物についての概要的な映像資料であれば、導入の場面で活用することで、効果的に生徒を古典の世界に誘うことができます。

❷ 展開時におけるデジタル教科書の活用で、興味・関心を高め、理解を深める

デジタル教科書の利点の一つとして、教材文を提示するだけでなく、写真や音声資料、映像資料なども同時に提示できる点が挙げられます。大型テレビやタブレットの画面の中で、教材文に加え複数の資料を提示することで、生徒の理解がより深まります。

デジタル教科書には、画面上にダイレクトに書き込む機能もあります。読みがなや省略されている言葉を書き込んで教えるのに、この機能はうってつけです。また、教材文に付箋を貼り、部分を隠すこともできます。この機能を使って、教材文の穴埋めをさせることも可能です。

Q

5　帯単元の実践

帯単元の工夫とその意義は何でしょうか？

A

帯単元は長い期間にわたって、同じテーマを少しずつ扱っていく単元です。古典の作品の一部紹介、和歌・俳句の紹介、言葉の紹介など古典の学習には最適な方法です。

①教師のねらいと対象を明確にした実践が必要です。

基礎・基本の定着を図る、事前学習として基礎知識を蓄える、学習したことを発表したり発展的に紹介したりするなどの学習が考えられます。

②根気よく材料を集めることが重要です。

単発で終わらないためにもまず教師が材料を集めてみて拡大・発展ができる学習かどうかを判断しましょう。新聞や図書室の書籍資料を活用するように仕組んでいきましょう。

③即効的な効果は期待せずに、生徒の視野を広げていく意図で実践していきましょう。

語彙の獲得や日本の伝統的な言語文化の継承につながるものがよいでしょう。そのためには数多くの作品にふれさせることや価値ある体験を積み重ねることをねらいにしたいですね。

❶ 教師のねらいと対象を明確にした実践が求められる

朝読書や授業の最初の十分程度の時間を帯単元として実施することで、継続的で重層的な学習をすることができます。何を目的に実施するかを生徒に伝え、集中して取り組む時間にしたいものです。ねらいが明確で、その意義を実感できれば生徒が自覚をもって取り組むことになり、教師が指示を出すことなく習慣化された学習が展開されるはずです。

❷ 重要なのは、根気よく材料を集めること

帯単元の学習は続けることにこそ意味があります。そのためには単発で終わらない内容が必要です。まず教師が材料を集めてみて、拡大・発展できる学習かどうかを判断しましょう。生徒にとっては情報活用能力の育成になります。日常的に新聞や図書室の書籍資料を活用するように仕組んでいけば、文字文化に親しむことになります。学校に配置されている司書教諭などと連携しながら関係資料を準備し、生徒が手軽に活用できる環境づくりをしましょう。

❸ 即効的な効果は期待せずに、生徒の視野を広げていく意図で実践する

「たかが十分、されど十分」です。すぐに成果は出ないとしても継続することで生徒の力になっていくと信じて設定していきましょう。国語科の学習ですから次の視点が必要です。

・基礎的・基本的な知識・技能の習得となる。
・「話すこと・聞くこと」「書くこと」「読むこと」の活動と組み合わせる。
・語彙の獲得や日本の伝統的な言語文化の継承につながる。

そのためには帯単元を有効活用し、数多くの作品にふれさせることや価値ある体験を積み重ねるこ

とが必要です。あせらず・あきらめず取り組んでいきましょう。

《帯単元の設定の仕方》

①単元に先駆けて進めていく。
②単元の中に位置付けて実施する。
③単元が終わった後も継続的に実施して楽しんだり、定着させたりする。
④他の単元と関連付けて実施する。

《音読・朗読・暗唱》

百人一首、漢文・漢詩、短歌や俳句の音読や暗唱に取り組んでみましょう。例えば音読・朗読・暗唱させたい作品を選び出し、プリントとして配布します。教師が範読したあと、生徒全員で音読します。どう発音するのか、どこで区切るのか、イントネーションは?……など話し合いながら、発声することで学んでいきます。ある程度読めるようになったら、次はすらすら読めることを目標とし、個人で、隣同士で、グループで、といった形態で読み重ねをしましょう。

すらすら読めるようになったら、暗唱カードを準備し、合格できたらシールを与えるような取組もよいでしょう。成果が目に見え達成感や意欲にもつながります。『百人一首』であれば三年間を通じて学習できます。また、評価者を生徒にすることも有効です。国語の教科係や本日の日直をスモールティーチャーにすることで授業はさらに活性化します。互いに成果を認め応援し合える学級づくりは全ての学習の基盤となる環境づくりです。

《継続読書》

料金受取人払郵便

本郷局
承認

2274

差出有効期間
2020年２月
29日まで

郵便はがき

1 1 3 8 7 9 0

東京都文京区本駒込5丁目
16番7号

東洋館出版社

営業部 読者カード係 行

ご芳名	
メール アドレス	@ ※弊社よりお得な新刊情報をお送りします。案内不要、既にメールアドレス登録済の方は右記にチェックして下さい。□
年　齢	①10代　②20代　③30代　④40代　⑤50代　⑥60代　⑦70代～
性　別	男　・　女
勤務先	①幼稚園・保育所　②小学校　③中学校　④高校 ⑤大学　⑥教育委員会　⑦その他（　　　　）
役　職	①教諭　②主任・主幹教諭　③教頭・副校長　④校長 ⑤指導主事　⑥学生　⑦大学職員　⑧その他（　　　　）
お買い求め 書店	

■ご記入いただいた個人情報は、当社の出版・企画の参考及び新刊等のご案内のために活用させていただくものです。第三者には一切開示いたしません。

Q　ご購入いただいた書名をご記入ください

（書名）

Q　本書をご購入いただいた決め手は何ですか（１つ選択）

①勉強になる　②仕事に使える　③気楽に読める　④新聞・雑誌等の紹介
⑤価格が安い　⑥知人からの薦め　⑦内容が面白そう　⑧その他（　　　　　）

Q　本書へのご感想をお聞かせください（数字に○をつけてください）

4：たいへん良い　3：良い　2：あまり良くない　1：悪い

本書全体の印象	4—3—2—1	内容の程度/レベル	4—3—2—1
本書の内容の質	4—3—2—1	仕事への実用度	4—3—2—1
内容のわかりやすさ	4—3—2—1	本書の使い勝手	4—3—2—1
文章の読みやすさ	4—3—2—1	本書の装丁	4—3—2—1

Q　本書へのご意見・ご感想を具体的にご記入ください。

Q　電子書籍の教育書を購入したことがありますか?

Q　業務でスマートフォンを使用しますか?

Q　弊社へのご意見ご要望をご記入ください。

ご協力ありがとうございました。頂きましたご意見・ご感想などをSNS、広告、宣伝等に使用させて頂く事がありますが、その場合は必ず匿名とし、お名前等個人情報を公開いたしません。ご了承下さい。

作品を丸ごと読むことは作品理解を深めます。単元に入る事前学習として、単元の並行読書として、単元終了後の読書資料として活用してみてください。丸ごと古典作品を読むための読書資料として次のようなものがあります。

・『少年少女古典文学館』（講談社）現代語訳
・『21世紀に読む日本の古典』（ポプラ社）現代語訳
・『ビギナーズ・クラシックス』（角川文庫）現代語訳と原文、参考資料も含む

《視写（書写）》

・古文を視写することも効果的です。例えば、『えんぴつで徒然草』（大迫閑歩書・河原木有二監修、ポプラ社）などを使って書写と組み合わせることもできます。古典に親しませつつ、漢字やひらがなの正しい字形をまねたりなぞったりして、美しい文字を書く書写の学習にもなります。

章段の概要の確認（教師の説明）↓音読（教師の範読から音読へ）↓視写（なぞる・まねる）

同様のシリーズとして『枕草子』『奥の細道』『論語』などもあります。さらに㈱KADOKAWAからは『百人一首』も出版されています。教師が同様な資料を準備したり教科書や資料集を活用したりするなど、様々な工夫ができます。

《身近な自然や人事》

・古典と現代の生活を結び付けるような学習の場を設定し、継続的に取り組めるようにします。自分

の生活と比較することで、古人のものの見方や考え方から学ぶ姿勢を養っていきます。また、語彙を増やすことにもつながります。

《自然をテーマに》
時候…春・夏・秋・冬、二十四節季
天文…雨（春雨、秋雨、時雨、五月雨等）
　雪（粉雪、綿雪、泡雪、粒雪等）
　月（満月、三日月、十五夜月等）
植物…桜、梅、七草、
動物…ホトトギス、蛍、虫の音

《人事をテーマに》
行事…正月、節分、衣替え、桃の節句、地域の祭
色…赤（朱・紅・茜・桃・薔薇・紅梅・珊瑚等）
　青（空・紺・藍・浅葱・瑠璃・群青・紺碧等）
　緑（草・鶯・若葉・萌黄・松葉・深緑等）
　黄（飴・杏・芥子・檸檬・山吹・小麦等）

【中二】飯田良「歌が伝える日本の心」（『月刊国語教育研究』No.427）
たくさんの童謡・唱歌を読み、季節を表す言葉を見つけ出し、その事象を捉えつつ、どんな思いが描かれているか考える。

【中一〜中三】藤嵜啓子「継続的に行うスピーチの学習」（『月刊国語教育研究』No.533）
「ことわざ」を取り入れたスピーチ、「百人一首」を取り入れたスピーチを毎時間授業の始まりに一人〜二人がスピーチする実践を行う。

◎古典学習を取り入れた日常的な帯単元の実践例

帯単元によるトレーニング

基礎・基本といわれる学習は反復し継続することで確実に身に付いていくものと考える。そこで、国語科の基礎・基本となるべき学習を、毎回の授業の中に帯単元として実施する。年間を見通し、継続的・段階的にバランスを考えて学習を積み上げていく。

（1）帯単元計画（毎時間10～15分）

学期	1学年	2学年	3学年
前期	漢字練習、文法（言葉の単位）、音読・朗読（教師の範読）、スピーチ（伝達型）	漢字練習、文法（用言の活用）、音読・朗読（選択作品）、スピーチ（意見型）	漢字練習、文法（品詞分類と活用・働き）、朗読（作品） **古典の暗唱**、スピーチ（主張型）
後期	漢字練習、文法（文の成分、単語の種類）、**百人一首の暗唱**、スピーチ（物語型）、書写（筆ペン）	漢字練習、文法（単語の働き）、**古典の暗唱**、スピーチ（報告型）、書写（筆ペン）	漢字練習（入試対応）、文法（品詞分類と活用・働き）、スピーチ（感動型）、書写（硬筆）

①年間を通して毎日１０分間の朝読書を実施（自由読書、テーマ設定読書、集団読書）
②漢字練習……書き取りについては小学校学年別配当漢字の中から、読みについては常用漢字の中から教科書の新出漢字を盛り込んで、３年間反復して練習する。範囲を指定して練習をし、週１回漢字テストを実施するもよし。
③音読・朗読……音声の指導をかねて教師の範読も取り入れながら音読することをスタートとし、気に入った詩や文章を朗読することに高めていく。
④スピーチ……ブックトークや紹介することからスタートし、聞くことを重視し、質疑応答したり意見交流したりする対話へと高めていく。
⑤文法ドリル……文節・単語に区切る、品詞を判別するなど 日々の話題を例文として出題。
⑥古典の暗唱……百人一首、竹取物語、平家物語、枕草子、徒然草、おくの細道などの暗唱。
⑦書写……〈硬筆〉「えんぴつで徒然草」を使った学習
〈筆ペン〉「本日の漢字」を楷書と行書で書く

（2）スピーチの具体的なテーマ（選ぶ材料）

3年間を見通しつつ、バランスよく、体験から普遍的なものへと設定していく。

	家庭生活	学校生活	社会生活
伝達・報告型	私の好きな○○ ある日の夕食で	わが○○部の練習風景 本校の体育祭自慢	昨日の重大ニュース 我が町のイベント
意見・主張型	夕食時はテレビを消そう 自分の仕事に責任を持て	部活動の朝練は週3日に 合唱祭を成功させよう	ゴミは持ち帰ろう 日本が自慢できること
感動・物語型	最近感動したこと ○○からの贈り物	○○先輩からの一言 発見！ちょっといい話	私を育てた○○ 小さな親切～新聞記事～

（2010　飯田良）

Q

1　小・中・高等学校の系統とその扱い

小・中・高等学校と同じような教材を扱いますが、その系統の考え方と扱い方を教えてください。

A

「親しみ、楽しむ」ことを目標にすることは小・中・高等学校とも変わりません。発達段階や興味・関心に応じた課題をもたせましょう。

①小学校では、多くの作品にふれて親しむという課題を設定していることを理解しましょう。

②中学校では、人々の考え方、捉え方にふれ、現代社会との相違点や共通点を考える課題を設定しましょう。

③古典を学んでの発見を発信できる課題を設定したい。これからもふれていきたいと思える学習を目指しましょう。

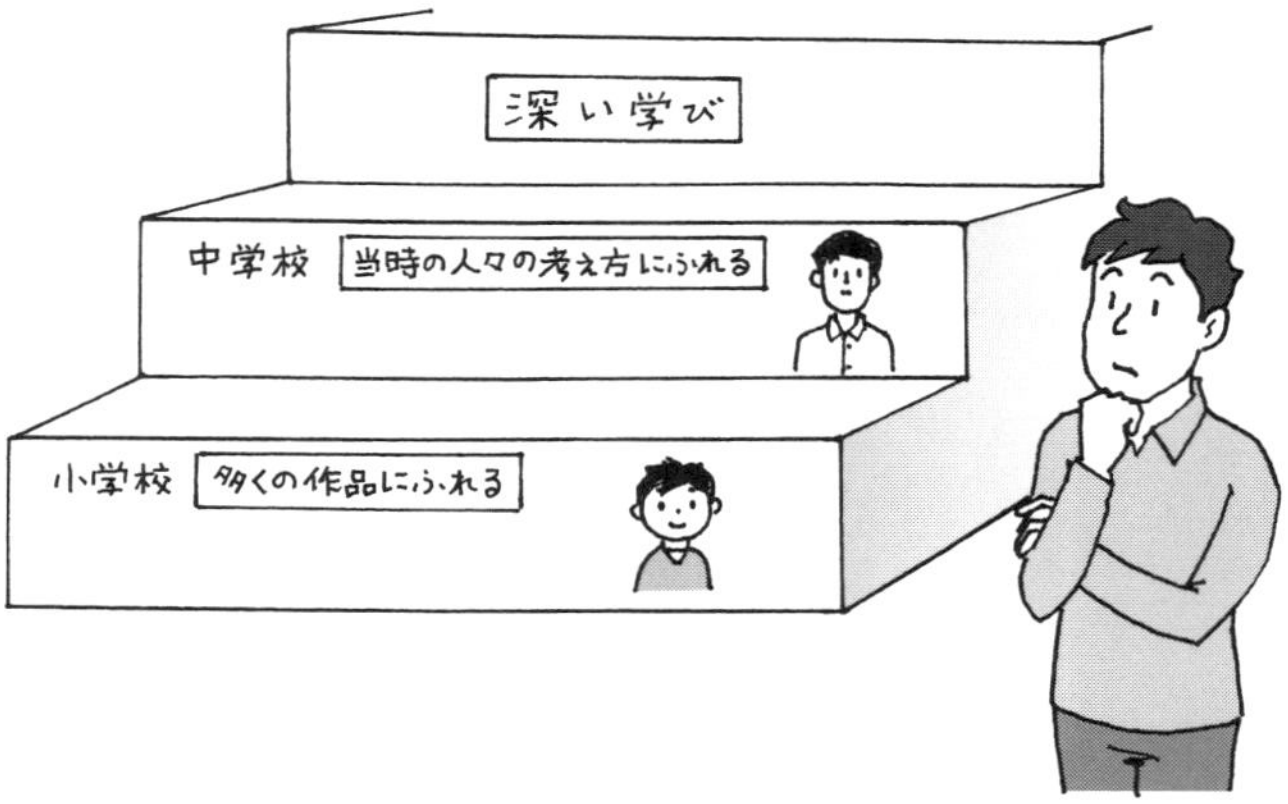

❶ 小学校では、多くの作品にふれて親しむという課題を設定していることを理解する

○学習指導要領では、次のような題材と指導事項が示されています。

小（低）昔話や神話・伝承などの本や文章の読み聞かせを聞いたり、発表し合ったりすること。

小（中）易しい文語調の短歌や俳句について、情景を思い浮かべたり、リズムを感じ取りながら音読や暗唱をしたりすること。

長い間使われてきたことわざや慣用句、故事成語などの意味を知り、使うこと。

小（高）親しみやすい古文や漢文、近代以降の文語調の文章について、内容の大体を知り、音読すること。

古典について解説した文章を読み、昔の人のものの見方や感じ方を知ること。

○中学校の指導者は、小学校で古典がどのように扱われてきたかをもっと知るべきです。

小学校での古典の学習は次のような具体的な活動とねらいをもって進められています。

昔話や神話・伝承→読み聞かせ、発表のし合い、物語の世界と歴史への誘い

文語調の短歌や俳句→短詩型文学への導入、多くに人に親しまれている短歌俳句の世界への誘い、短歌や俳句の創作、かるたづくり、かるた遊び

親しみやすい古文や漢文→古典の冒頭部分の紹介、音読・暗唱を通した理解

ことわざ、慣用句、故事成語→日常生活で使われている古語への理解、日常での使用

古典についての解説→古典の世界への理解

中学校の指導者は、小学校での学習内容と学習活動の基盤をよく理解し、生徒と共に学習を振り返

り、小学校の学習との接続を図るべきです。ときには、小学校での学習をもう一度提示するなどの導入も考えられます。また、昔話や神話・伝承という材料は、改めて中学校で取り上げてみるなどの工夫も望まれます。

❷▾中学校では、人々の考え方、捉え方にふれ、現代社会との相違点や共通点を考える課題を設定する

○学習指導要領では、次のような題材と指導事項が示されています。

中1　文語のきまりや訓読の仕方を知り、古文や漢文を音読して、古典特有のリズムを味わいながら、古典の世界にふれること。

古典には様々な種類の作品があることを知ること。

中2　作品の特徴を生かして朗読するなどして、古典の世界を楽しむこと。

古典に表れたものの見方や考え方にふれ、登場人物や作者の思いなどを想像すること。

中3　歴史的背景などに注意して古典を読み、その世界に親しむこと。

古典の一節を引用するなどして、古典に関する簡単な文章を書くこと。

○音読・朗読を通して「古典の世界を楽しむ」ということは、古典の世界の中に発見があるということです。

「古典に表れたものの見方や考え方に触れ、登場人物や作者の思いなどを想像すること」は、より深い思考力（感受、比較、分類、根拠理由の把握、推量、関係付け、具体化、抽象化など）を通じて、より深い判断力（自己の考えを形成）を発揮し、より深い表現力（場や相手に応じて適切に表明）を

発揮することにほかなりません。中学校の古典の学習は、このような学習のステップアップであると意識したいのです（高等学校の学習はこの考え方を継承し、発展させるものでありたいと考えます）。

③ 古典を学んでの発見を発信できる課題を設定する

上記で示した表現力は、「深い学び」につながります。平成二九年版学習指導要領のキーワードです。今後、論議されるでしょうが、「学習を通じて継続して湧き起る課題意識と課題追究行動力」と考えていきましょう。

古典作品に対して、「もっと読みたい世界だな」と思える学習活動が望まれます。

Q

2　領域の関連

言語活動の中の領域の関連をどのように図っていったらよいのでしょうか？

A　国語科の学習は全ての領域の統合の中にあります。学習活動のデザインによって、その重点化を図ります。

①価値的な目標と技能的な目標を明確にして言語活動をデザインします。

②生徒自身が学習内容と言語活動についてよく理解し、自覚的に取り組める計画を示します。

❶ 価値的な目標と技能的な目標を明確にして言語活動をデザインする（言語活動の項参照）

○国語科における古典の学習の目標を次期学習指導要領の構造を踏まえて考えると、次のように指摘できます。

価値的な目標

言語生活における課題を「主体的・対話的で深い学び」で学び、言葉の力を培う

・古典の世界の歴史的な意味や文学史的な位置　・古典の世界の言葉や風習

・古人が伝えるメッセージや考え方（現代との共通点と相違点）　・多くの人が読み継いでいった背景　・地域に残る伝承や芸能の世界の意味や背景　・これからも伝えたいこと

技能的な目標

「話すこと・聞くこと」「書くこと」「読むこと」の技能能力を「主体的・対話的で深い学び」で学び、言葉の力を培う

・古文を声に出して読むことの楽しさ（音読のリズムの体感、意味をとる）

・古文を書き写す（文字を体感）　・テーマやメッセージを読み解く

・テーマやメッセージについて自己の考えを書く　・生徒同士、生徒と教師で協働して新たな発見をする　・自己の考えや協働して発見したことなどを発表して評価し合う

（言葉の力は、思考力・判断力・表現力等）

「主体的・対話的で深い学び」（アクティブ・ラーニング）は、現行の学習指導要領で強調された「言語活動の充実」の質的な深化向上を目指した方法論と考えてよいでしょう。

主体的　自分自身を信じて学習する態度

対話的　協働（生徒と教師、生徒同士、生徒と地域、書物等の情報から）学習

自己の考えの形成と他者との関わりを重視

深い学び　学習を通じて継続して湧き起る課題意識と課題追究行動力

などのイメージを内包した「言語活動」が目指されます。

○「話すこと・聞くこと」「書くこと」「読むこと」の関連

新学習指導要領においても、〔知識及び技能〕(3)「我が国の言語文化に関する事項」は、〔思考力・判断力・表現力等〕の「A話すこと・聞くこと」、「B書くこと」、及び「C読むこと」の指導を通して行うこととされています。また、国語科の学習は、それぞれの領域相互の関連を図り、それぞれの言語活動を組み合わせて、関連的な指導を行い、全体として系統だったまとまりのある学習となるよう工夫し、重点とした内容が効果的に習得できるように留意することが指摘されています。

この指摘を待つまでもなく、国語科の学習では、話すこと・聞くこと、書くこと、読むことの言語運用能力は関連・統合されています。単独で存在することはありません。日常の言語生活に即して考えても理解できるでしょう。私たちは、読んだり聞いたりした情報を受容し理解した後、自己の考えを書いたり話したりして発信するという行為を日常生活でも行っています。国語科の学習では、この日常の言語活動を踏まえて考え、日常の言語活動を重点化して鍛えていくという姿勢をもつ必要があ

ります。

○具体的な例　関わる領域と具体的な学習内容

・朗読を中心にした言語活動

「読むこと」朗読の仕方

「話すこと・聞くこと」協働の朗読台本の作成、朗読発表時の交流、話し合いの仕方

「書くこと」朗読交流後の学習のまとめ、書く視点を考えさせる

・テーマやメッセージを読み解く言語活動

「読むこと」音読、視点を明確に読む、現代との共通点と相違点を考えさせる

「書くこと」自己の考えを書く、論拠を明確に書く

「話すこと・聞くこと」相互に読み合って交流する、評価の仕方を工夫させる

二例挙げましたが、いずれも領域の相互の関連が明らかです。単元の重点をどこに置くかによって、領域の学びの軽重が違ってきます。古典の学習に限らず、これは年間を通して計画的に重点化していく必要があります。この重点化が「評価規準」となるのです。

❷▼生徒自身が学習内容と活動についてよく理解し、自覚的に取り組める計画を示す

○単元の学習の見通しを生徒に示しましょう。

「学習の手引き」などを作って、単元の学習計画と学習の到達点（ゴール）を生徒に示しましょう。何をやるかが分かることで自覚的な学びの姿勢をつくっていきます。

○学習活動のモデルも示しましょう。各領域の活動が明確にイメージされます。

Q

1　学習者の学びを促すもの

生徒が興味・関心をもって取り組むために必要なことは何でしょうか？

A　古典の学びの導入は、教師の語り（姿勢）と学習環境の設定が重要です。

①生徒の実態や学習状況を踏まえた、教師のガイダンスが重要です（「教師の語り」の項、参照）。

古典に対するハードルは、ただでさえ高いものです。導入が生徒の実態からかけ離れたものにならないように意識することが大切です。

生徒の実態を把握し、興味・関心を高めるアプローチを心掛け、古典の世界に対する抵抗感を減らしていきましょう。

②作品や古典芸能についての資料を閲覧できる環境をつくることが大切です。

生徒の「もっと知りたい」、「もっと学びたい」という意欲に応えられる学習環境をつくっておくことで、より深い学びを得ることができます。

国語科内での連携はもとより、学校図書館との連携も視野に入れ、古典の世界に生徒が足を踏み入れやすい環境をつくりましょう。

1 重要なのは、生徒の実態や学習状況を踏まえた、教師のガイダンス（「教師の語り」の項、参照）

どの単元においても、導入は大切ですが、こと古典に関しては、その重要度はかなり高いと言えましょう。なぜなら、古典に対するハードルは、他の単元に比べても相当高いものだからです。小学校の授業で積極的に古典教材が導入され、今までに比べると「古典嫌い」が減少した反面、小学校での指導から「古典嫌い」に陥った生徒も少なくありません。中学校での古典学習に際し、新たな気持ちで臨ませるためにも、生徒の実態や学習状況を踏まえた教師のガイダンス（導入）が重要になってきます。

例えば「竹取物語」。これまでは、昔話の「かぐや姫」といえば、うなずく生徒が多かったものですが、最近は昔話を知らない生徒が急増。昔話による認知度ががくんと下がりました。

最近は、生徒に「かぐや姫」について問うと、スタジオジブリ制作のアニメ映画『かぐや姫の物語』やａｕのＣＭ「三太郎シリーズ」などで、かぐや姫の存在は知られていますが、「竹取物語」の詳細なストーリーについて知らない生徒がほとんどです。

㈱ＫＡＤＯＫＡＷＡのホームページにある『竹取物語（全）』（角川ソフィア文庫―ビギナーズ・クラシックス）の紹介文は「竹取物語はロマンティックな空想物語ではない。かぐや姫の全貌を解明！　五人の求婚者に難題を出して破滅させ、天皇の求婚にも応じない。月の世界から来た美しいかぐや姫は、じつは悪女だった？　誰もが

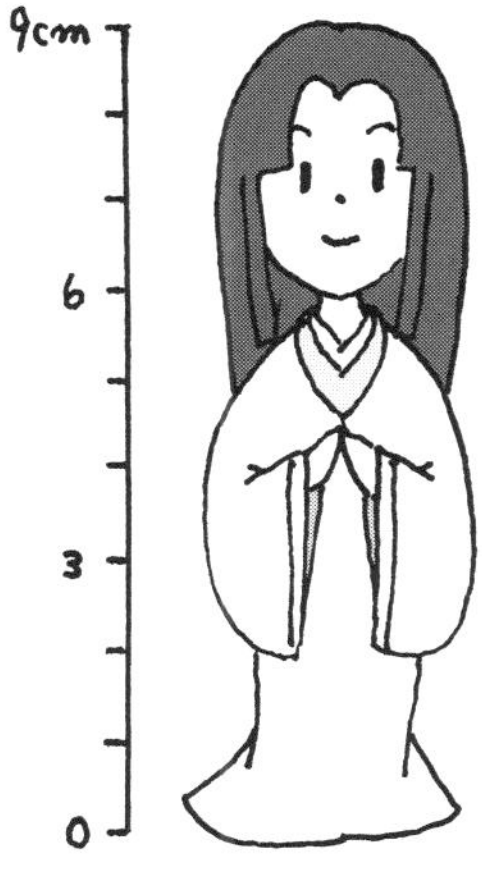

読んだことのある日本最古の物語の全貌が、わかりやすく手軽に楽しめる！」とあります。メディアを通して親しまれている「かぐや姫」のイメージに揺さぶりをかける導入は、生徒に強いインパクトを与えました。

また、「かぐや姫」のあらすじを確認しながら、「三寸（＝約９㎝）」というその背丈を実際に確認してみるのも、生徒の興味・関心を喚起します。定規で９㎝も悪くないのですが、イラストで示したり、同じくらいの大きさのフィギュアを用意することで、生徒の古典に対するハードルを引き下げることができます。

また、ＮＨＫの「10min.box」や「おはなしのくにクラシック」などの映像教材を導入に使うことで、作品世界や作者について概観し、単元の学習に対する興味・関心をもたせる方法もあります。

❷ 大切なのは作品や古典芸能についての資料を閲覧できる環境をつくること

古典の学習で扱う教材は、そのほとんどが作品の一部です。古典の学習を通して古典に親しみ、古典をもっと学びたいという気持ちを喚起できたならば、もっともっと古典の世界に浸れるようにしましょう。

その際にお勧めなのが、先述した角川ソフィア文庫ビギナーズ・クラシックスのシリーズです。長編古典の全文は掲載されていませんが、『竹取物語』や『おくの細道』であれば、全文が紹介されています。また、ふりがな付きの原文と現代語訳の両方で楽しめる構成に加え、図版や資料なども豊富なため、中学生でも読み進めることができます。古典学習の発展として紹介することもできますし、近隣校や公共図書館から集めて、生徒一人一人に一冊ずつ渡し、授業で活用することも可能です。

また、生徒の「もっと知りたい」、「もっと学びたい」という意欲に応えられる学習環境をつくっておくことで、より深い学びを得ることができます。そのために、作品や古典芸能についての資料を閲覧できる環境をつくっておくことが大切です。

まずは学校図書館などで、自校にある作品や古典芸能に関する書籍や資料を確認しましょう。司書教諭と連携をし、単元に入る前に資料収集や整理を依頼しておくとよいでしょう。そうして確認できた資料を、学校図書館に特設コーナーを作り展示することで、生徒が昼休みや放課後に資料を手にとる機会を増やすことができます。

また、公共図書館と連携することで、団体貸出などを利用し、多くの書籍や資料を学校図書館に集めることも可能です。単元の学習活動によって必要な資料も変わってきますので、早めに司書教諭らと相談することを勧めます。

Q

2　次の学びへの評価と読書活動への誘い

次の学びにつなげる評価方法はどのようなものでしょうか？また、読書活動へはどのように誘っていけるでしょうか？

A　次の学びにつなげるために、学びの視点を明確にして、生徒が自分の学びを自己評価できることが大切です。また、学校図書館と連携して、関連読書を勧めていきましょう。

①次の学びにつなげるために、学びの視点を明確にして、古典の世界に親しむことができたかどうか振り返らせましょう。また、単元のねらいを明確に提示し、生徒自身が学習活動を通してそのねらいを達成できたと感じられる単元づくりが大切です。

「古典の世界に親しむ」と同時に、単元を通して身に付いた力を自己評価できる学習活動を考えていきましょう。

②広がる世界への教師のアドバイスや環境づくりが大切です。

「古典の世界に親しむ」ことができたならば、さらにその世界を広げていきたいものです。学校図書館と連携して、関連読書を勧めていきましょう。

❶ 次の学びにつなげるために、学びの視点を明確にして、生徒が自分の学びを自己評価できることが大切

次の学びへつなげるためには、学びの視点（古典の世界の理解、現代との異同、学びたいこと・知りたいことなど）を提示し、学びを振り返らせることが大切です。

また、古典の単元での学びを生徒自身が実感し、もっと学びたいと思わせる評価が大切です。評価において大切なことは、ねらいが明確であることです。例えば単元のねらいを、「仮名遣いに注意し、繰り返し音読することで古典のリズムをつかみ、古典の世界に親しもう。」とします。すると、

○歴史的仮名遣いに留意しながら繰り返し音読をすることで、古典の文章に読み慣れること

○古典特有のリズムを感じ取り、その心地よさを感じることから、古典の世界に親しむこと

この二点が、学習活動の観察からも評価できますし、生徒自身が学習の振り返りを通して自己評価することが可能です。単元のねらいを明確に提示し、生徒自身が学習活動を通してそのねらいを達成できたと感じられる単元づくり、学習活動の設定が大切です。

❷ 教師のアドバイスや環境づくりによって、古典の世界を広げる

「古典の世界に親しむ」ことができたならば、さらにその世界を広げていきたいものです。学校図書館と連携して、関連読書を勧めていきましょう。

前項「学習者の学びを促すもの」で、「作品や古典芸能についての資料を閲覧できる環境をつくることが大切」だと述べましたが、それと併せて、単元終了後に、古典の世界を広げる関連読書の準備をしておくことで、生徒の古典に対する興味・関心がより高まります。

Ⅲ章

単元展開例

主体的な学びを核とする

単元「なりきり『平家物語』」

言語活動「登場人物の人物像を解釈し、その人物になりきって気に入った台詞を紹介する」

二年 学習材▼『平家物語』

1 単元の特色

(1) 単元の趣旨

『平家物語』には、魅力的な登場人物が多く存在します。その中でも、源義経や那須与一、熊谷次郎直実や平敦盛などは、中学校の教科書でおなじみの登場人物です。本単元は、この『平家物語』の最大の魅力である、登場人物の人物像に焦点を当て、「読むこと」の力を身に付けさせることを目標に展開します。

この単元における表現活動は、音声言語による発表とします。古典は、声に出して読んだときにこそ、その魅力が発揮されるからです。そして和漢混交文で紡がれた『平家物語』は、声に出して読むのに最もふさわしい作品だと考えられます。

この『平家物語』の魅力である、登場人物の豊かな個性と、声に出して読んだ時のリズムのよさを生かす言語活動として、「登場人物の人物像を解釈し、その人物になりきって気に入った台詞を紹介する」

という学習活動を設定しました。

(2) 学習材について

使用している教科書には、「祇園精舎」、「敦盛の最期」、「扇の的」が載っていますが、教科書に載っている箇所だけでは情報が足りません。例えば、「敦盛の最期」なら、その少し前の「一二之懸」を読むと、「敦盛の最期」での熊谷の思いがより強く伝わってきます。「一二之懸」には、熊谷親子が夜明け前から虎視眈々と一番乗りを狙う様子が描かれています。夜が明けると二人は親子そろって名乗りを上げます。やがて、平山季重も現れて、火を噴くような戦闘になるのですが、この戦いで小次郎は薄手を負ってしまいます。「敦盛の最期」で熊谷が「我が子の小次郎が薄手負うたるをだに直実は心苦しうこそ思うに……」と言った背景には、このようなエピソードがあったわけです。このように、ある行動の伏線を読むことは、人物の心情や行動を理解するうえでとても重要なことです。ここで紹介したエピソードの他にも、じっくり読むと様々な伏線を発見することができます。

また、「扇の的」では章の最初の方に、「扇を射よ」との義経の命令を与一が断る場面が出てきます。義経の強い下知に抗えず、結局、与一は源氏の命運を背負って弓を手に取るのですが、この場面を読むと激しく揺れる夕闇の中の扇の的を狙う与一の緊張感が、より強く伝わってきます。これ以外にも、読み手の視点によって、様々な発見が生まれます。

このように、教科書をきっかけに、それ以外の部分をあわせて読むことで、読みが広がったり深まったりします。また、主要な登場人物以外の、魅力的な人物に出会えるのも、教科書以外の部分を読む楽しさの一つです。

読めば読むほどおもしろい『平家物語』には、他にも魅力的な場面や登場人物が満載なのですが、あまり大きく広げすぎて生徒に負担をかけては逆効果になってしまうので、今回用いる本文を次に限定しました。

○「祇園精舎」

○「二之懸」「敦盛の最期」

○「扇の的」全文～「弓流し」（「また、『なさけなし』といふものもあり。」まで）

※今回は、いずれも、原文の両脇に、読み仮名と現代語訳を適宜付した教師自作のテキスト（【資料1】）を用意しましたが、現代語訳の全文を用意してそちらを中心に用いても効果的です。

2 単元目標

(1) 古典に親しむ。「伝統的な言語文化」

(2) 登場人物の人物像を解釈し、自分なりの考えをもつことができる。「読むこと」

(3) 読み取った内容を音声言語で紹介しようとする。

【資料1】テキスト

「今日は日暮れぬ、勝負を決すべからず」とて、
た　決めることはできない。」と言って
引退《ひきしりぞ》くところに、沖《おき》の方《かた》より尋常《じんじょう》に飾《かざ》ッたる小船《こぶね》＞一艘《いっそう》、
りっぱに　ている　が
汀《みぎわ》へ向いて漕《こ》ぎよせけり。磯《いそ》へ＊七八段許《しちはったんばか》りになりしかば、
水ぎわ　た。　磯から　七八段ほど離れたところにくると、
舟を横様《よこざま》になす。
横向きに　する。
「あれは如何《いか》に」と見る程に、舟のうちより
何だ　思っていると、
齢十八九許《よわいじゅうはっくばか》りなる女房《にょうぼう》の、まことに優《ゆう》にうつくしきが、
年の頃なら十八か十九くらいの女性で、まことに優美でうつくしい人が、
柳《やなぎ》の＞五衣《いつつぎぬ》に、紅《くれない》の袴《はかま》＞着て、
柳の　柄の　着物　に、　紅の袴　を
皆紅《みなぐれない》の扇《おうぎ》の、日出《ひいだ》したるを、
紅の地に金色の日の丸を描いた扇を、

3 評価の観点・方法

（1）「読むこと」の学習内容を通して古典に親しみ、気に入った台詞を暗唱して紹介している。「関心・意欲・態度」

「伝統的な言語文化」

（2）文章を関連付けて人物像を解釈し、読み取った人物像を適切な言葉で表現している。

「読むこと」

（3）読み取った内容をよりよく伝えようとしている。「関心・意欲・態度」

読み取った内容の表現行為は音声言語による発表ですが、ここでは「話す・聞く」を目標には含めません。身に付けさせたい力を、「読む力」に焦点化するためです。ですから、「なりきり」で紹介した台詞の声の強弱とか、抑揚がついているかとかいったことは、評価の対象とはしません。評価の対象となるのは、なぜそのような読み方をするのか、その読み方で何を表現しようとしたのかということです。つまり、登場人物の人物像をどのように解釈したかということが評価の対象になるのです。

「読むこと」の評価物は主に次の三点です。

①読み取りメモ　②発表原稿を書くためのワークシート　③発表原稿

4 単元計画（全11時間）

次	時	学習活動	○指導上の留意点　☆評価
一	1 2	●学習目標を知る。 登場人物の人物像を解釈し、なりきって台詞を紹介しよう！ ●教師が発表の見本を見せる。 ●『平家物語』について知る。 ・小学校の時に学んだことを思い出す。 ・「祇園精舎」の音読。	○学習の見通しをもてるようにする。この発表をするために文章を読むのだ、という目的意識をもたせる。 ○小学校の時「祇園精舎」を暗唱している生徒が多いので、そのことを思い出させる。 ○イメージをもたせるためにＤＶＤを視聴させてもよい。 ☆古典に親しもうとしている。（伝）
二	3 4 5 6	●発表に向けての手順を知る。（共通教材「敦盛の最期」） ・モデルの発表原稿（Ｐ101【資料２】）を配付し、内容の分析をする。 ・「読み取りメモ」のモデル（Ｐ102【資料３】）を見て、本文の読み取り方を考える。 ・「敦盛の最期」の内容を読み取る。 ・人物像を表す言葉を知る。（語彙表）	○発表モデルや「読み取りメモ」の内容をみんなで分析する。モデルに仕込まれた様々な要素を生徒自身が発見できるように授業を進める。 ○発表モデルには、今回身に付けさせたい読みの力が入れ込んである。生徒の多様な発表の内、その部分を強調して取り上げる。
三	7 8 9	●二次で学んだことを生かして、自分の発表原稿を作る。（「扇の的」その他） ・内容の読み取り。（個人→グループ→個人）	☆場面における登場人物の行動や台詞を関連付けて人物像を解釈している。 （読）「読み取りメモ」・ワークシート・原稿 音読練習

三	11 10	・気に入った台詞を見つけて発表原稿を書く。 ●発表会（終了後、振り返りシートの記入）	☆気に入った台詞を暗唱して紹介している。（伝）発表 ☆読み取った内容をよりよく伝えようとしている。（関）観察

5 授業展開（7～8／11）

（1）本時のねらい

三次の、「扇の的」の内容の読み取りを本時とします。二次で身に付けた「読むこと」の力を活用して、一人一人の「扇の的」の読みを成立させます。

（2）指導の流れ とポイント

テキストは、原文の左右に読み仮名と現代語訳を適宜付したものを用います（現代語訳の全文を用いてもよい）。次の手順で本文を読み取ります。

①現代文学を読むように、物語を楽しみながら読みます。その際、読みながら「読み取りメモ」を取ります。感じたことをメモしたり、気になる原文を下段に書き留めたりします。（個人）

②三～四人一組のグループをつくり、互いの「読み取りメモ」を読み合います。そこで、読み落としているエピソードがないか、チェックし合います。グループでA3程の大きさの一枚の紙に、共同

で書き出したりすることも有効です。（グループ）

③個人の学習に戻り、グループで学んだことを参考に、自分の「読み取りメモ」にエピソードを付け足したり、新たに気付いたことを書き足したりします。

（3）発表会に向けて

本時の読み取りを受けて、発表原稿を作ります。この章の主な登場人物は、源義経、後藤兵衛實基、那須与一です。生徒たちは本文の読み取りの中で自然と心惹かれた人物に読みを焦点化し、気に入った台詞を見つけ、発表会では、なりきって紹介していました。次の生徒は、義経を中心として本文を読み、様々なエピソードの中から、義経の厳しさや強さと、その裏にある優しさを読み取りました。人物像を表す言葉をもう少しはっきり表現できるように指導できると、よりよくなったと思います。

【生徒の発表】この台詞は義経の命令に背こうとした与一に対する怒りが表れる場面で義経が言ったものです。義経はいい腕をもっているにも関わらず義経の命令に逆らった与一に怒りを向けます。ですが、この台詞は怒り一筋で生まれているわけではなく、まだ臆病な与一を改心させるという思いの、義経の優しさも含まれているようにも思います。怒りと優しさが混じり合いながら言った、家臣への一言を、低く、強く声や間の置き方に注意して言いたいと思います。それでは聞いてください。

「鎌倉を立つて、西国へおもむかん殿原は、義経が命を背くべからず。少しも子細を存ぜん人はとうとうこれより帰らるべし。」

いかがでしたか。義経の少し厳しく、同時に優しさがこもった一言の思いが伝わったでしょうか。以上で発表を終わります。

【資料2】発表原稿モデル文（教師作成）

これから『平家物語』「敦盛の最期」の中の熊谷次郎直実の台詞を紹介します。テキスト○ページを見てください。＊書画カメラでこれから紹介する台詞の部分を映し出す。

これから紹介する台詞は熊谷次郎直実が平敦盛を討とうとする場面で熊谷が言ったものです。

熊谷は、自分の息子と同じくらいの歳の若武者である平敦盛を助けたいと思います。しかし、背後から、土肥・梶原が迫ってきており敦盛を討たなければならない状況になってしまいます。この台詞には、熊谷の葛藤が表れています。この時、熊谷の胸の内はとても苦しかったと思います。特に、この若君の父上の気持ちを考えると胸が締め付けられる思いだったのではないでしょうか。しかし、同じ助からないのなら、自らの手でお討ち申し上げ、心を込めて供養して差し上げたほうが良いであろうと、決意するのです。

そんな、人情深い熊谷の、苦しさとそれを振り切る決意が表れるように、低い声できっぱりと、そして最後はゆっくり噛み締めるように言いたいと思います。

「人手にかけまゐらせんより、同じくは、直実が手にかけまゐらせて、後の御孝養をこそつかまつり候はめ」

いかがでしょうか。熊谷の、苦しみと、この苦しみを背負って生きていく決意が伝わったでしょうか。これで発表を終わります。

▲エピソード（自分が解釈した人物像の裏付けとなるエピソードを選ぶ・根拠）

▲人物像の解釈

▲台詞の部分は暗唱

【資料3】発表原稿モデル文（教師作成）

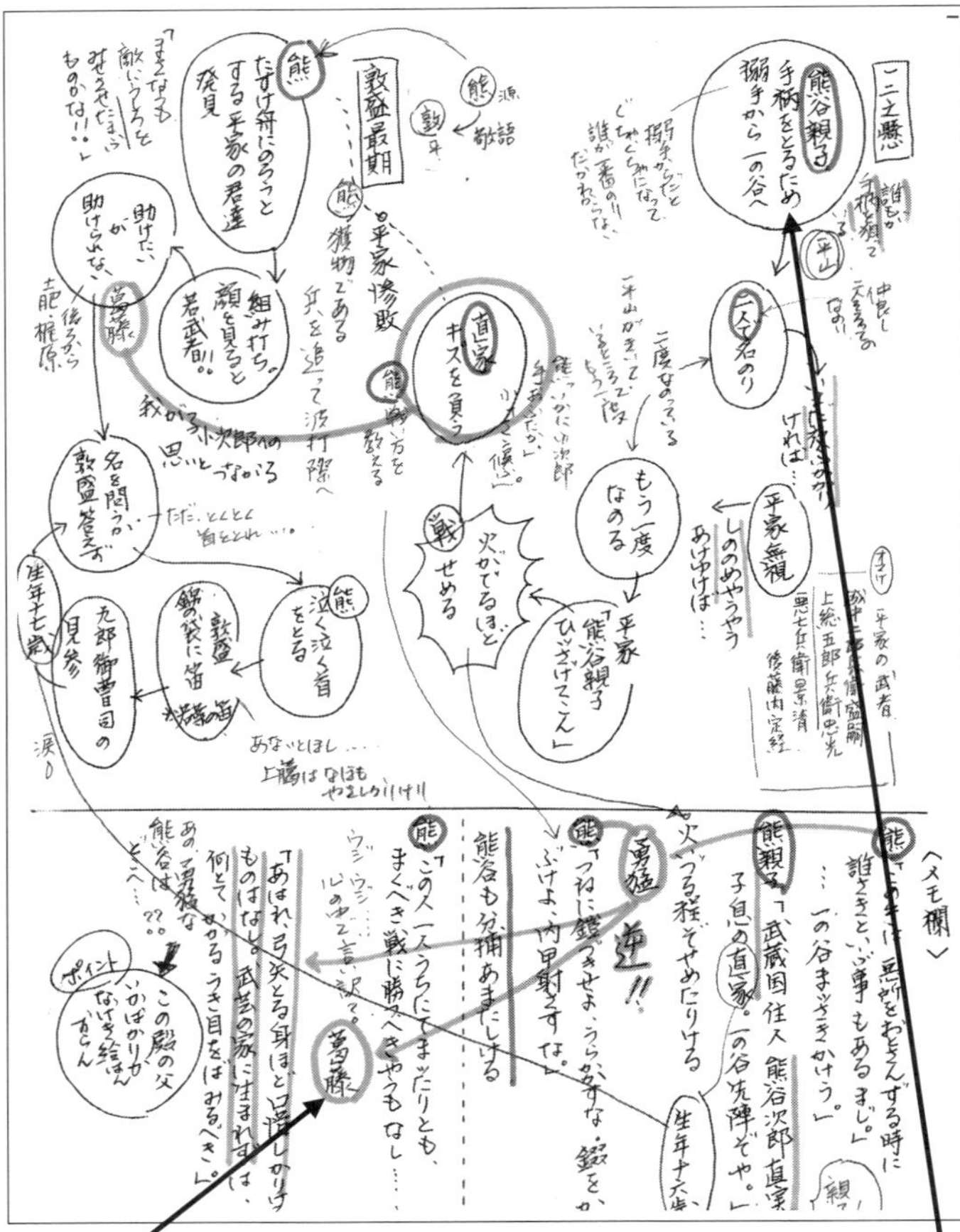

【上段】

・出来事を丸で囲み、時系列に沿って書いていく（その際、できるだけ要約して書く）。

・その他細かいこと、自分が感じたこと、出来事や人物の関係性などは丸の外側にメモしていく（色分けすると見やすい）。

【下段】

・気になる台詞や言葉などをメモする。

・下段にも自分が感じたことや、発見したことをメモし、上段と関連付ける。

（野﨑真理子）

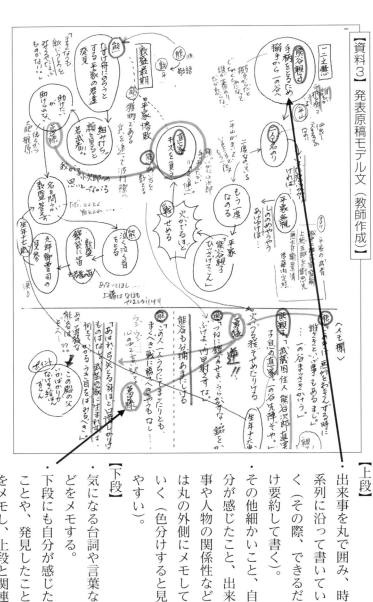

解説

主体的な学びを深める要素

高橋　邦伯

主体的な学びとは、生徒が進んで取り組むというだけではありません。生徒が自信をもって学習に取り組み、「できるんだ」、「おもしろい」、「もっと別の資料もやってみたい」と思える学習です。この単元には、生徒の自信を喚起する要素が多くあります。以下、列挙します。

①単元の発想

単元名「なりきり『平家物語』」に授業者の発想と思いを読み取ることができます。単元をつくっていく際、単元名を明確にすることで、授業者も生徒も一つの方向に向かって動きだします。『平家物語』の特徴を捉え、学習活動に導いた作品研究と教材研究の質の高さを感じます。

②学習活動のゴールが明確

学習活動のゴールが学習の初めに示されています。生徒の自覚的な学習姿勢を育てる大切な点です。

③教師のモデル提示

同時に授業者の「なりきりモデル」が示されています。生徒の学習の指針となるだけでなく、評価基準になっていることに注目します。授業者はたくさんモデルを作ってみたことでしょう。授業者が自ら学習者の位置にいるということが学習の深さを規定します。授業者が自らの経験から多くのアドバイスの引き出しをもっているからです。また、モデルは「ここまでは到達して欲しい」という評価基準を示しています。

④領域の関連と重点化

計画をみると、「読むこと」「書くこと」「話すこと・聞くこと」の領域が相互に組み合って展開されていますが、授業者は「読むこと」に重点化して実践をしています。思考力・判断力・表現力の育成を明確にねらった計画になっています。

対話的な学びを核とする

単元「『おくのほそ道』おすすめスポットを巡る旅のガイドブックを作ろう」

言語活動「ガイドブックを作る」

三年　学習材▼「おくのほそ道」

1　単元の特色

この単元の言語活動は、『おくのほそ道』で芭蕉の立ち寄った場所を、俳句とあわせて「旅のおすすめスポット」として紹介するガイドブックを作り、『おくのほそ道』の旅を身近な人にすすめることです。この活動を通して、『おくのほそ道』の文章にふれ、読み味わうことができるのではないかと考えました。

学習者にとっての学習のゴールはガイドブックを作り紹介することにあり、指導者は言語活動を通して作品を読み深めるとともに、言葉の力を養うことをねらいとしています。歴史的仮名遣いなど基本的な内容を確認しながら、十分に音読し、古文のリズムに浸らせることや、学習に対する動機付け、意欲を保たせることに留意し、指導しました。

2 単元目標

①古典作品に興味をもち、積極的に内容を理解しようとしている。（国語への関心・意欲・態度）
②古文のきまりを理解し、古文のリズムを味わいながら音読、暗唱することができる。（読む能力）
③優れた表現を読み味わうとともに、俳句の内容を捉え、そこに表れているものの見方や考え方、人物の心情を理解し、自分の考えをもつことができる。（読む能力）

3 単元計画

基本（モデル）

次	時	学習活動	☆評価の観点・方法
一	1 2	○旅に出る芭蕉の心情を読み取る。 ・「冒頭」を音読・暗唱する。 ・文章や俳句から芭蕉の心情を考える。 ○教科書「『おくのほそ道』の旅」を読み、本単元の学習内容について見通しをもつ。	☆俳句の特徴を捉え、リズムや意味の切れ目に注意して朗読しようとしている。 発表・観察 ☆旅に出発しようとする芭蕉の心情を読み取り、自分の考えをもつことができている。 発表・ノート・観察
二	3 4	○「平泉」の俳句に詠まれた芭蕉の心情を読み取り、味わう。	☆提示される資料に関心をもち、参考にして人物の心情を理解しようとしている。 発表・ノート・観察

		応用	発展
	三	四	五
	5	6 7	8
・芭蕉が「時の移るまで涙を落とし」た理由を考える。（参考『義経記』・漢詩「春望」） ・提示章段は、日光、黒羽、殺生石・遊行柳、立石寺、最上川象潟、松島等 ・漫画を用いて理解を深める。	他の章段を読みガイドブックを構想する。 ・章段の範読を聞き、音読し、構想をもつ。	○『おくのほそ道』ガイドブックを作成する。 ・ワークシートを用いて、ガイドブックを作る。ワークシートの内容は次の通り。 ①旅のおすすめポイント②その場所を選んだ理由③歴史・俳句に詠まれた芭蕉の心情④人物⑤コラム⑥交通手段⑦参考資料名	○発表会。芭蕉の足跡をたどりながら、ガイドブックによって説明し、鑑賞し合う。
☆昔の人のものの見方や考え方を味わうことができている。［発表・ノート・観察］ ☆歴史的背景などに注意して文章を読み、その世界に親しんでいる。［発表・観察］	☆『おくのほそ道』に興味・関心をもって古文を読み、学習に意欲的に取り組もうとしている。［発表・観察］	☆自ら選んだ章段に興味・関心をもち、内容を理解しようとしている。［発表・観察］ ☆俳句に詠まれた心情を理解し、自分の言葉で説明できている。［ワークシート・発表］ ☆文章の一節を引用して、ガイドブックの文章を書くことができている。［ワークシート］	☆発表内容に興味をもって聞き、『おくのほそ道』の世界に親しんでいる。［発表・観察］

4 授業展開

単元全体を構造化し、単元計画の通り、基本（モデル）学習、応用学習、発展学習と位置付けて構成しました。

第一・二次は基本学習です。ここでは学習全体への見通しをもたせることと、「平泉」を学習し、モデルとして「平泉ガイドブック」を示すことにより、生徒自身が作るガイドブックの具体的なイメージをもたせることを主眼としました。導入となる第一次（1・2時）は『おくのほそ道』冒頭を音読・暗唱した後、芭蕉の人生が旅そのものであり、中でも『おくのほそ道』の旅には格別の思いがあったことを説明し、芭蕉が訪れた土地から一か所を選び、ガイドブックを作ることを知らせました。第四次のガイドブック作成時に用いる『おくのほそ道』関連の資料は、紹介し、教室前方に事前に配置しました。学習への見通しと、興味・関心をもたせるための工夫です。

第二次（3・4時）はモデルとなる「平泉」の学習です。歴史的な背景として、絵本『平家物語絵巻』を用いて情景や主従の心情を想像させました。また漢詩「春望」に詠まれた心情と重ね合わせ、「時の移るまで涙を落とし」た芭蕉の思いが「夏草や」の俳句にどう結び付いていったのかを読み取らせました。その上で「平泉ガイドブック」を提示し、ガイドブックが、①俳句の説明、②芭蕉の心情、③歴史的な背景、④エピソード　などによって構成されていることを捉えさせ、ガイドブックの内容を明確にしました。また、第三次の応用学習で取り組む章段を「伝説」「景勝地」「歌枕の地」「歴史的な背景」などの視点で提示し（単元計画に記載）、音読練習後に漫画で読ませ理解を深めました。

第三・四次は応用学習です。章段を選び、「平泉」の基本学習を生かしてガイドブックを作ります。第三次（5時）ではガイドブックのイメージをもたせました。ワークシートの設問「あなたのお勧めする旅のおすすめポイント」によって、ガイドブックのおおまかな構想をもたせ、ガイドブック記事をまとめていくことを示しました。第四次（6・7時）はガイドブックの作成です。ワークシートの設問（単元計画に記載）に従って、教室に配置した資料の中から必要な資料を探して調べ、引用したり、考えたことをまとめたりしました。原稿を作成する際には、「平泉ガイドブック」を参考にしながら取り組む姿が見られました。やはり具体的なゴールイメージをもたせることは重要だと考えます。

第五次（8時）は発展学習としてガイドブックの発表です。表紙・『おくのほそ道』旅程図・平泉を含む個人の作成物を、一冊のガイドブックとして製本して配布し、芭蕉がたどった道のりに沿って発表しました。

5 指導のポイント

本実践の成果は以下の通りです。

①言語活動を位置付けたことによって学習者が主体的に活動し、作品を読み深め、言葉の力を養うことができた。

②著者や登場する人物の生き方や考え方を通して、学習者が自分の生き方やものの見方に向き合うことができた。

言語活動を通して、今回の学習内容は「いつか行ってみたい場所」として生徒それぞれの記憶に残るものになりました。このような学習体験が、生涯にわたって古典に親しむ素地をもつくっていくのではないかと考えています。

そして本学習の指導のポイントは、学習者に「おもしろそうだな」「できそうだな」と思わせることです。そのための工夫として、①関連資料を導入段階で紹介し、教室展示により、いつでも手にとれるようにし、興味、関心を喚起。②学習漫画、現代語訳の活用による理解の促進。③学習者の興味・関心による章段の選択。また、④古文のもつ「言葉のひびき」やリズムを感じながら現代語訳が目に入る内容が理解できる傍注資料を準備しました。他にも、⑤基本（モデル学習）・応用・発展の段階を踏んだ言語活動を仕組んで学習の見通しをもたせたことや、⑥ワークシートを用いて個別学習ができる環境をつくったことも挙げられます。そして、⑦決して簡単ではないけれどこの学習課題をやり遂げることによって言葉の力を付けることができると、学習者に思わせることが指導のポイントになると思います。

（島崎敦子）

【参考文献】
○『小学校国語科　教室熱中！「古典」の言語活動アイディアBOOK』（渡辺春美編著　明治図書　二〇一二年一二月）
○『大村はま国語教室3　古典に親しませる学習指導』（大村はま著　筑摩書房　一九九二年七月）

立石寺

一見の価値あり。薦められるままに芭蕉が訪れた山寺。名句の生まれた深い緑を歩む心安らぐ旅。

住所／山形県山形市大字山寺4456-1
アクセス／JR仙山線「山寺」駅より徒歩約7分

閑かさや 岩にしみ入る 蝉の声

この句が詠まれたのは山形県宝珠山立石寺である。季語は蝉、季節は夏。

古来、立石寺を中心とする一山は山寺と総称され、人々の死後に魂が帰る山、また死者を供養する山として信仰されてきた。

当初、芭蕉の旅の予定の中に立石寺は入っていなかった。ところが、尾花沢の人々に「一見の価値あり」と薦められ、尾花沢から立石寺までの約二十七キロの道のりを行くことにしたのである。立石寺の入り口、根本中堂から終点の奥之院までの、じつに約千段もの石段を、芭蕉は元気に登りきったという。

そんな中で生まれた芭蕉の有名な句。静寂の中で、岩に染み入るような蝉の声が、山寺の静けさをいっそう深く感じさせる。夏の山寺の不思議と静かなその空間に、芭蕉は心奪われたのだろう。

立石寺の句の推敲

①山寺や 石にしみつく 蝉の声
②淋しさや 岩にしみこむ 蝉の声
③閑かさや岩にしみ入る 蝉の声

この三句は蝉の声が周りに溶けこんでいくような静けさを表現していることは共通しているが、初句や二句の違いでその時の感情や情景に変化が見える。

①「山寺」と表すことで、人里離れた特別な雰囲気が出ており、「石」というところに、②③の堅々とした岩のイメージとの異なりを感じる。

②「淋しさや」には、①、③のその静けさに浸り心の落ち着く様子とは違い、その静けさに侘しさを感じた芭蕉の気持ちが表れている。

参考文献

国語便覧（浜島書店）
国語活用集（新学社）
一個人「奥の細道」を旅する（KKベストセラーズ）
入門 松尾芭蕉（宝島社）

芭蕉の作品の特徴

侘び―見た目は寒々しくても、精神的な深みや内面があること。
不易流行―「不易」と「流行」は、共に文学の根本をなすもので、根源的には同じものだという芭蕉の考え。
軽み―型にはまることのない軽快な表現。
新しみ―絶えず新しい発見をすること。

★芭蕉の作品の特徴をふまえて、他の俳句も見てみよう。

おもしろうてやがてかなしき鵜舟《うぶね》かな
初めはおもしろかった鵜飼も、やがてひっそりすると、あたりは闇に包まれ、悲しく思われてくるよ。

名月や池をめぐりて夜もすがら
さえわたる月が池にも映っている。ひかれて一晩中池をめぐってたよ。

感想

「おくのほそ道」には芭蕉の体験や感動がつづられており、美しく雄大な自然を愛する豊かな感性に、古くから多くの人々が魅せられてきたのだと思いました。この新聞を通じて芭蕉について深く知ることができて良かったです。

生徒作品（立石寺）

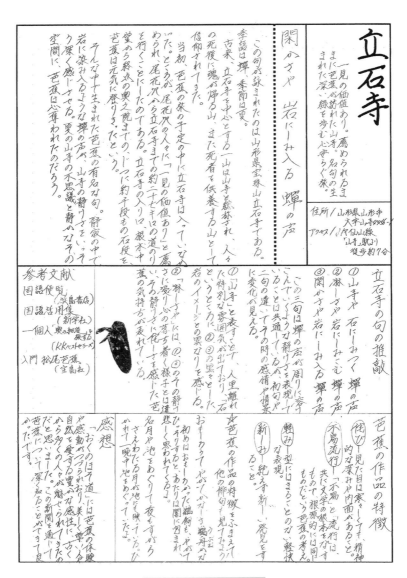

解説

主体的学習に導く授業づくり

渡辺　春美

本単元には、以下の通り、応用可能な優れた特色が窺えます。

①**興味・関心・意欲の喚起**―単元の早い段階で学習の見通しをもたせ、『おくのほそ道』のガイドブックづくりをゴールとして意識させています。また、教室前方に関係資料を展示し、常時手にとれるようにしました。学習に役立てるとともに、興味・関心・意欲の喚起が図られているのです。

②**主体的な学習の展開**―学習者の興味・関心・意欲は、学習を主体的にします。本単元では、学習者が「おすすめスポット」を自ら選び、ガイドブックを作成して身近な人に勧めます。学習者は「勧める人」として主体的に学習するよう授業が仕組まれているのです。それが、学習者の学習を切実なものにしていると言えるでしょう。

③**段階的指導過程**―「平泉」の学習後、指導者作成の「平泉ガイドブック」が示されます。学習者は、ガイドブックと、その作り方とを明確にイメージし主体的に取り組みます。この学習が基本・モデル学習で、後のガイドブックづくりが応用学習です。指導者は、基本→応用の各学習段階で学習者の言語能力の育成にも力を注ぎます。

④**「傍注資料」の作成**―応用学習で学習者が選択する章段は、大村はま作成の「傍注資料」（原文右に語句・文に対応させて訳を付したもの）にならって作成されています。原文の音読によって、学習者は、横の訳を眼に入れ、リズム、音の響きと共に意味も感得するのです。

⑤**ワークシート（手引き）の作成**―学習者を学習に導き、方法を示し、方向付けるために、ワークシートが利用されています。これは、作成前に、ガイドブックに書き入れる内容に対し、助言するためにも有効に機能しています。

深い学びを生み出す

単元「昔話を読む」

言語活動「昔話と古典との比較に基づき、課題を探究する」

三年　学習材▼『御伽草子』「浦島太郎」「一寸法師」（岩波少年文庫・大岡信訳）
絵本、第三期国定教科書　尋常小学校唱歌等を印刷した自主教材

1　単元の特色

（1）単元の趣旨

昔話は誰しもが幼い頃から見知っているものですが、生徒は、古文がルーツであり様々な変遷を経て今に至っていることは知りません。例えば「一寸法師」「浦島太郎」は明治時代の国定教科書から、現代の姿に大きく変遷しています。もとは『日本書紀』まで遡れる話が、どうして今の話に変わったのかなど、様々な疑問を調べていくことにより、古文の奥深さを実感する機会となるはずです。調べ学習をする中で、いろいろな古典作品に現代語訳でまるごとふれる単元として、三年での実施が最適だと考えました。

(2) 学習材について

浦島太郎の話の中には、異郷に行ったり、異類との結婚や恩返し、老い、タブーを犯すなど物語の様々な要素が盛り込まれています。善行をした浦島太郎がなぜ最後にお爺さんとなり、悲しい目にあうのかといった初歩的な疑問から始まって、生徒には多くの疑問が浮かび、興味・関心が広がっていく好素材だと考えられます。

2 単元目標

（1）現代社会に流布する「浦島太郎」などの昔話と『御伽草子』のそれとを比較し、相違点を明らかにした上で、記述内容の異なりの背後に存在している価値観の相違について考える。

（2）自ら考えた課題を調べて追究することを通して、古文の世界を知り、その世界に親しむ。

（3）調べたことや考察した内容を分かりやすくまとめ、発表し、よく聞く。

3 評価の観点・方法

（1）昔話と『御伽草子』を比較し、相違点を明らかにして、背後の価値観の相違について考えようとしている。（ワークシート・発表）

（2）自ら考えた課題について調べて追究することで、古典の世界に親しんでいる。（観察・レポート）

（3）調べたことや考察した内容を人に分かりやすいようにまとめて発表し、聞いている。（観察・ワークシート）

4 単元計画（全12時間）

次	時	学習活動	○指導上の留意点　☆評価
一	1	『御伽草子』の概略説明と学習計画を提示する。 一寸法師のあらすじを書き、発表し合う。	○なるべく周りと相談せずに、思い出すままに書かせる。 ☆発表・ワークシート①
	2	岩波少年文庫「一寸法師」（大岡信訳）と尋常小学校唱歌「一寸法師（作詞・巌谷小波）」を比較する。	○比較して書き手の意図を考えさせる。 ☆発表・ワークシート②
二	3 4	第三期国定教科書と絵本と岩波少年文庫「浦島太郎」との比較をし、発表し合う。	○ワークシートに各々まとめさせ、発表させる。 ☆発表・ワークシート③
三	5 ～ 8	四人グループ内で疑問を出し合い、研究テーマを絞る。図書室で調べ、グループでレポート（ファックス原紙B４一枚）にまとめて印刷する。	○研究テーマは教員が確認して、明確になったグループから調べ学習に入る。関連の本を集めておくことが必要。 ☆ワークシート④・レポート・観察
	9	印刷した発表資料を見て、質問カードを書き、相手グループに渡す。	○質問に答えられない場合は再度調べ、回答の準備をさせる。質問がないグループには教員が質問する。
	10～11	質問カードに答える形で、全体への発表をする。	○発表を聞く側は、評価シートに書き入れる。
	12	振り返りシートを書く。	☆振り返りシート・観察

5 授業展開

(1) 板書・ワークシート

2時間目は、『御伽草子』「一寸法師」と尋常小学校唱歌を比較するワークシート②を使います。表の最後に両者をまとめますが、その板書のみ次に挙げています。**太字**が生徒の読み深めた内容で、色チョークで書き、まとめました。

『御伽草子』「一寸法師」	尋常小学校唱歌の「一寸法師」
悪知恵を働かす、ずる賢い **成功するには、少々の悪も必要** 姫君に恋をする、豪遊する　**人間くさい** 中納言に昇進、両親は元は高貴な生まれ **貴族社会が根底** 小さくて化け物だと親からも疎まれる **現実の残酷さ** 住吉大明神のご加護　**神の存在**	小さいのに勇敢、紳士、立派、志がある。 **男としての生き方の立派さのみを強調** **人間くささや残酷さは排除**

3・4時間目は、三つの比較ができる表のワークシート③を使用。板書はワークシートと同じ形式にします。比較は、ア　登場人物、イ　亀を助ける場面、ウ　異郷に行く経緯と生活場面、エ　帰郷した場面と、物語の展開に沿って行いました。ウの場面のみ板書を次に挙げています。太字は是非学習者に気付いてほしい内容です。2時間目は全体で読み深めましたが、ここでは比較して項目をまと

めるのみにとどめ、疑問や探究する部分を見つける手立てとしました。

第三期国定教科書（＊）	絵本（岩崎京子作）	岩波文庫『御伽草子』（大岡信訳）
助けられた亀本人がお礼に来る 竜宮城　乙姫様 遊び飽きて帰る （＊三浦佑之『浦島太郎の文学史恋愛小説の発生』（五柳書院）参照）	亀の親がお礼にくる 竜宮城　乙姫様 東西南北の窓　春→冬に変化 北の風景から故郷を思い出す	舟に美女がいて、故郷まで送ってと頼まれる 島に上陸、そこで夫婦となる　**報恩** 屋敷の中に四季が同時に存在　**無時間性** 三年たって三十日暇を乞う、また帰ると約束　玉手箱は私の形見　女は助けられた亀だったと告白　贈答歌 **男女の愛情中心**

(2) 研究テーマの具体例

比較によって生じた疑問を基に、次のような研究テーマが提出されました。参考に生徒に示すとよいでしょう。

①「浦島太郎」の内容から……浦島伝説の変遷／玉手箱の謎／亀／竜宮城の位置、実態／乙姫の変遷／四季の描写

②発展的な内容から……「三」の謎／昔話の終わり方／物語の結末と時代背景の関係／昔話における動物の役割／化けについて／昔話の悪役／報恩と結婚の関係性／昔話と自然観

6 指導の成果とポイント

身近な昔話が、日本書紀や風土記の時代から存在し、多くの変遷を経た事実に学習者は大きな衝撃を受けていました。古典の授業に少し拒否反応を示していた生徒たちも、授業後、興味をもって『源氏物語』『伊勢物語』など現代語訳で読んだり、研究書が多くあることにふれたりして、驚いていました。今までとは違う視点で物語を見つめ直すことができたことも刺激的だったようです。例として次ページに挙げたレポートは、調べたものを数値化して円・棒グラフにし、はじめに、調査結果、まとめ、おわりになど、整った構成を持ったまとめ方となっている力作です。

指導のポイントは、以下の通りです。

①研究テーマは、調べていく途中で疑問が疑問を生み変化していくので、適宜参考文献を示したり、向かうべき方向性を示唆する助言が必要です。似たテーマにならないようグループ間の調整も必要になります。

②図書館での調べ学習が最適です。書籍だと根拠が確かな上、研究者の考えにふれる絶好の機会にもなります（角川古語大辞典、日本伝奇伝説大事典など引用文献に遡っていく方法を教えることもできます）。引用文献も必ず資料に書き込むよう指示しましょう。文献が不足する場合、地域の図書館との連携による参考書収集も可能です。

③資料を渡してすぐの発表は資料の読み上げになりがちなうえ、質問も出にくいので、事前に資料を見て質問をカードに書いて相手に渡し、回答できるように準備させてからの発表が効果的です。資

料の不備が明確になり、さらに調べたことも踏まえて話すので、発表の質も格段に上がります。

④調べ学習の際、封筒を用意してメモ用紙など全て入れ、積み上げていくことをさせましょう（ワークシートは上下二段、三段で表にした形式をとります。質問カード、評価シート・振り返りシートなどと合わせて七枚になっています。単元計画に棒線を付しています。）

本実践は、広島大学附属中学校三年生の総合学習の一環として、国語科の先生方と協同で五回ほど実施したものです。

（三根直美）

【レポート例】

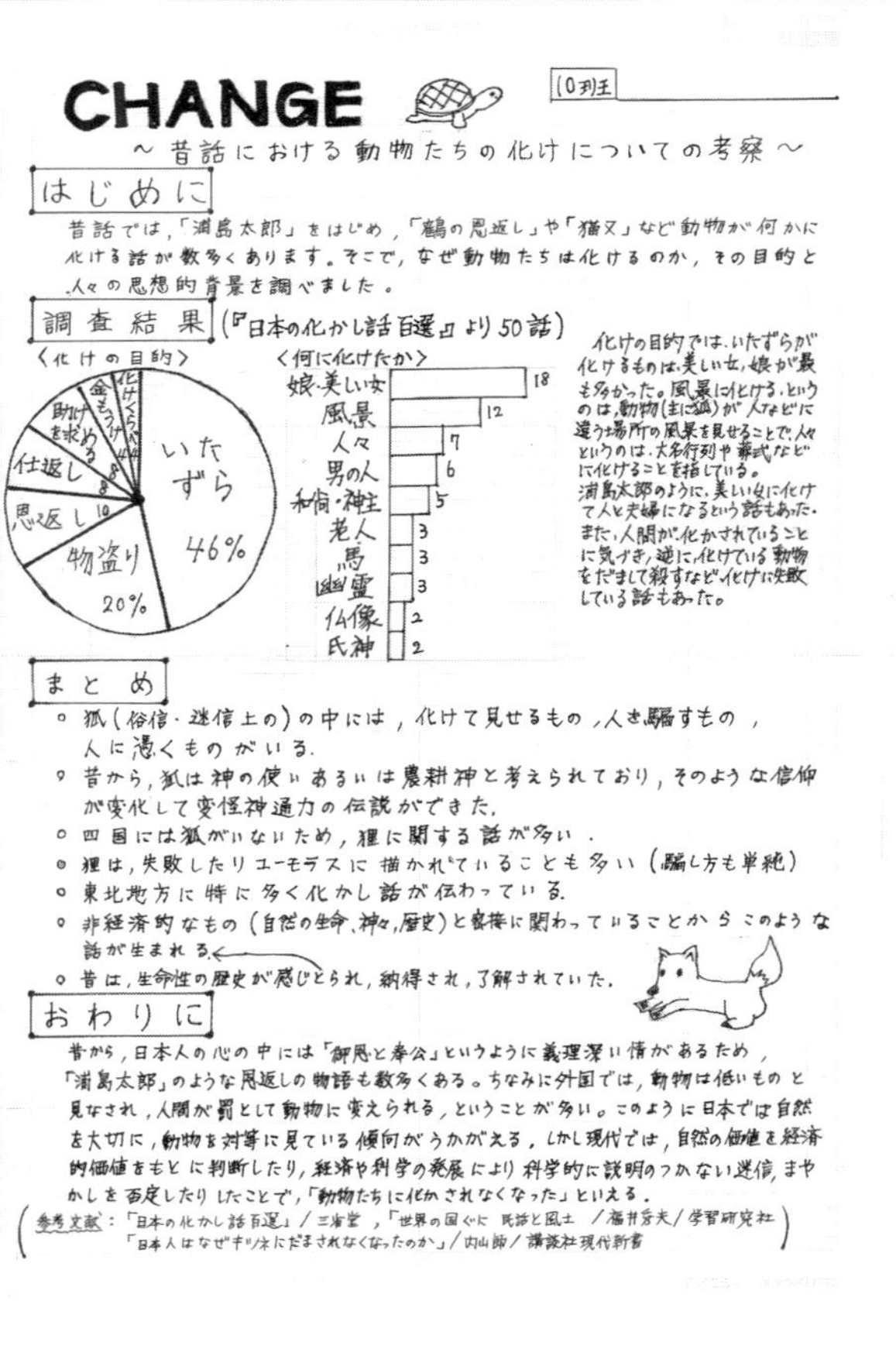

CHANGE

10判王

～昔話における動物たちの化けについての考察～

はじめに

昔話では，「浦島太郎」をはじめ，「鶴の恩返し」や「猫又」など動物が何かに化ける話が数多くあります。そこで，なぜ動物たちは化けるのか，その目的と人々の思想的背景を調べました。

調査結果（『日本の化かし話百選』より50話）

化けの目的では，いたずらが化けるものは美しい女，娘が最も多かった。風景に化ける，というのは，動物（主に狐）が人などに違う場所の風景を見せることで，人々というのは，大名行列や葬式などに化けることを指している。浦島太郎のように，美しい女に化けて人と夫婦になるという話もあった。また，人間が化かされていることに気づき，逆に化けている動物をだまして殺すなど化けに失敗している話もあった。

まとめ

- 狐（俗信・迷信上の）の中には，化けて見せるもの，人を騙すもの，人に憑くものがいる。
- 昔から，狐は神の使いあるいは農耕神と考えられており，そのような信仰が変化して変怪神通力の伝説ができた。
- 四国には狐がいないため，狸に関する話が多い。
- 狸は，失敗したりユーモラスに描かれていることも多い（騙し方も単純）
- 東北地方に特に多く化かし話が伝わっている。
- 非経済的なもの（自然の生命、神々，歴史）と密接に関わっていることからこのような話が生まれる。
- 昔は，生命性の歴史が感じとられ，納得され，了解されていた。

おわりに

昔から，日本人の心の中には「御恩と奉公」というように義理深い情があるため，「浦島太郎」のような恩返しの物語も数多くある。ちなみに外国では，動物は低いものと見なされ，人間が罰として動物に変えられる，ということが多い。このように日本では自然を大切に，動物を対等に見ている傾向がうかがえる，しかし現代では，自然の価値を経済的価値をもとに判断したり，経済や科学の発展により科学的に説明のつかない迷信，まやかしを否定したりしたことで，「動物たちに化かされなくなった」といえる。

（参考文献：「日本の化かし話百選」／三省堂，「世界の国ぐに 民話と風土」／福井秀夫／学習研究社
「日本人はなぜキツネにだまされなくなったのか」／内山節／講談社現代新書）

解説

「比較」を導入した発展的展開

渡辺　春美

本単元の特色は、次のとおりです。

①「比較」による授業展開―まず、学習計画を提示し、学習のゴールを明確にします。次に、学習者が知っている「一寸法師」を唱歌と比べ、『御伽草子』の話とも比較させます。さらに「浦島太郎」に関する、絵本と国定教科書と『御伽草子』の三者の比較学習に展開します。それぞれの話の相違が、強い関心や疑問を引き出し、研究テーマの発見につながります。喚起された興味・関心は、学習を深めるエネルギーとなったと思われます。

②段階的指導過程―「一寸法師」の比較学習は、基本・モデル学習の機能を備え、「浦島太郎」に関する三者の比較学習は、応用学習になっています。比較を軸に、段階的に基本から応用学習へとスムーズに展開し、基本的な学習方法を学んだ学習者を主体的な学び手にしています。

③学習材の開発と編成―本単元では、唱歌・絵本・『御伽草子』・岩波少年文庫・国定教科書と、「一寸法師」と「浦島太郎」の比較のために学習材が開発・編成されています。これらの学習材の開発・編成によって、比較が生き生きと機能し、学習が深められたのでしょう。

④学習を支え深めるワークシート―この授業におけるワークシートの特色は、比較の視覚化にあります。異同の「見える化」によって、興味・関心や問題意識が生まれ、研究テーマの発見、思考の深まりにもつながりました。

⑤学習の交流―研究テーマに基づいて図書室でグループ学習が行われました。調べたことを話し合い、レポートにまとめ、発表を行います。この過程で、学習者は、総合的な言語能力・情報操作力を付けることができるのです。

地域教材を学びの核とする

単元「ヤマトタケル　東征～古文で知る千葉の伝説～」

言語活動「古典を読み比べ、構成や展開、表現の仕方について評価する・古典学習の意義を見いだす」

三年　学習材▼「古事記」「日本書紀」

1　単元の特色

（1）単元の趣旨

学習者が自主的・主体的に古典学習に取り組む単元を行うために、二つの視点から単元を構築しました。一つ目の視点が、学習者にとって身近な、地域の伝統的な言語文化を学習材化して用いることです。教科書に所収された古典作品ではなく、学習者の生活になじんだ地域にまつわる題材を用いることで、古典に親しむ態度を育成したいと考えました。地域素材を扱うことで、テクストへの愛着、読みたい、知りたいという自発的な学習につなげ、継承・発展させる意味を体験的に味わわせようというねらいです。もう一つが、古典テクストを活用する言語活動を組織するという視点です。古典テクストの意味や内容が分かればよしとするのではなく、古典テクストを活用して考える活動を組織します。例えば比べ読みをして、なぜ違うのか、どう違うのか、それはなぜなのかを考えていきます。すると、社会や文化の中で古典がどのような役割を果たしてきたのか考えたり、継承する意味や古典を学習する意味を見いだしたりすることにつながっていきます。この二つを柱に単元を構築しました。

(2) 学習材について

本単元で学習材としたのは、千葉に根付く「弟橘媛の伝説」です。この伝説のもとには『古事記』、『日本書紀』があると考えられます。両者共に「ヤマトタケルの東征」の場面で弟橘媛の入水を描いています。内容は次の通りです。

ヤマトタケルは東征のため、海を渡って房総を目指します。しかし、海神が怒り狂い、暴風が吹き荒れ、船は難航します。そのような中、最愛の妻、弟橘媛は自らその身を海神に捧げることを決意し、入水しました。妻、弟橘媛の犠牲により、嵐はおさまり、房総に着いたヤマトタケルは東征を遂げました。後日、浜辺で妻の櫛や衣を目にしたヤマトタケルは万感の思いを込めて和歌を詠みました。「君さらず袖師が浦に立つ波のその面影をみるぞ悲しき」千葉の伝説では、この「君さらず」が「木更津」に、「袖師が浦」が「袖が浦」になったと伝えられています。

本校校歌、二番の冒頭は「袖師が浦に」と歌われ、伝説の地名が織り込まれています。生徒たちは、この伝説に初めてふれました。しかし、この伝説をモチーフに校歌の作詞者が時代を超えて、本校生徒たちにメッセージを込めて、「袖師が浦」という言葉を用いていることを考えさせることにしました。吾が郷土の文化として担っている伝説の悲哀や美しさ。その伝説を土壌として育まれる若い精神。身近に歌ってきた校歌に言語文化として継承されている意味を考える機会にしたいと考えました。この導入授業の後、日本最古の歴史書である『古事記』と正史『日本書紀』を学習材として、読み比べを行うことにし、中学生にも読みやすいテクストに加工しました（一二八頁参照）。その際、大村はまのテクスト作りを参考に、次の四つの形で学習材化することにしました。①右側にルビを振る。②左側に意味・訳を補足する。③イメージしやすい画像を入れる。④語釈や注釈、文法事項は精選し、コラムとして載せる。また、二つのテクストを読み比べ、違いを見いだす言語活動を行うに当たって、歴史的背景や簡単な文法事項を自ら知りたいと思って、活用できるように、国語学習通信「ことのは」（一二九頁参照）をヒントカードと称して、生徒に配布しました。

2 単元目標

○「ヤマトタケル　東征」に関する『古事記』、『日本書紀』を読み比べ、時代・立場・状況における伝承の異なりに気付き、古典世界に親しもうとする。（国語への関心・意欲・態度）

○歴史的背景に注意して『古事記』『日本書紀』を読み比べ、その違いを考察し、伝承の在り方について考えることができる。（読むこと　ウ）

○時代に生きる人間の思いやものの見方、考え方にふれ、自分の考えをもつことができる。（読むこと　エ）

○歴史的背景に注意して作品を読み味わい、継承されてきた千葉の伝説の在り方に関する自分の見方をもつことができる。（伝統的な言語文化と国語の特質に関する事項）

3 単元計画（全5時間）

次	時	学習活動	○指導上の留意点　☆評価
一	1	これまでの古典学習を振り返りながら古典を学習する意義について考える。校歌について古典の視点で読み解く。	○古典学習の意義を生徒自らが見いだす。 ☆校歌から伝統的な言語文化として継承される意味を見いだせているか。
二	2	「ヤマトタケル　東征」について『古事記』『日本書紀』を読み比べる。	☆相違点を見いだし、違いの根拠を考えることができるか。
	3	歴史的背景に着目しながら伝承のされ方に目を向け、違いを考察する。 立場や状況による差異に着目し、伝承のもつ意味を考えながら読む。	☆どう異なるのか、なぜ異なるのか考察し、歴史的背景・立場や状況を根拠に自分の意見をもつことができるか。
	4	『古事記』『日本書紀』の違いや伝承のされ方について意見を交流する。（本時）	○ワールドカフェの手法を用いることで多角的な意見にふれ、ものの見方・考え方を広げ深める。
三	5	伝承のされ方・継承し、発展させることの意味・古典を学習する意義について考え、交流する。	○古典を学習する意味について交流することで、文化や社会の中で古典がどのような役割を果たしたか考える。

4 授業展開（4／5）

（1） 本時のねらい

『古事記』、『日本書紀』に描かれたヤマトタケル東征の場面やヤマトタケル東征に関する地域伝承や文章を読み比べ、伝承のされ方の違いを考察するとともに、伝承されてきた意味を見いだそうとする。

（2） 指導のポイント

①導入で校歌を用いる

伝統的な言語文化を継承している身近な例として校歌を取り上げ、言葉の継承にどのようなメッセージを込めているか考えさせます。

（例：袖師が浦に　富士を見て／豊けき栄え　吾が郷土…美しくも哀しい伝説の地名が故郷であるという誇り）

②地域の伝説を古典で知る学習の場を設け、継承の意味を探る

地域に根付く伝説を『古事記』、『日本書紀』という日本を代表する歴史書から考える学習の場を設定することで難しい古典を学習するという感覚から解放し、学習意欲を喚起します。そして、この学習を通して、継承するということの意味を経験として体感させます。

③比べ読みをして、その差異を見いだし、考察するという言語活動を行う

同じ内容を扱った歴史書、『古事記』、『日本書紀』を比べることを通して違いを発見し、その違いの根拠を考えていきます。言葉のうえでの知識となりがちな「紀伝体」、「編年体」などという編み方の違いなども、「読み比べる」体験を通して実感していきます。また、ヤマトタケルの気持ちの表し方の違いを探っていくことで、二つの歴史書の目的の違いを考えることが重要であると考えるようになっていきます。つまり、歴史的背景にふれて古典を読むことを主体的に行おうとします。また、このときに、語句の違いに着目することを大切にさせます。ほんの少しの語句の違いに何が隠されているのか、学習者が自分の力で気付き、なぜこの違いが生まれたのかを考察することで思考が働きます。

④歴史的背景や立場・状況などの知識に関する事柄を学習者の関心に合わせて提示する

③の活動に合わせて、生徒は知識的、教養的な事柄を土台にしたいと思うようになります。この機をうまく捉えて、知識を提示することが大切です。教え込まれると暗記に偏ってしまう知識的な事項ですが、生徒の探究心に合わせてタイムリーに提示すると、納得して、体験的に吸収できます。その機をとらえて、国語学習通信「ことのは」でヒントカードとして提示しました。

⑤毎時間授業の冒頭で古典の音読をする

古典に親しむ態度の育成で欠かせないのが音読です。分からない言葉は読めません。しかし、分かると、抑揚をつけ、場面に合わせた調子で音読することができます。音読は一つのバロメーターです。また、音読の際に、教師から着眼点を与えておくと、言語活動に生かすこともできます。本実践ではヤマトタケルの最期を扱った「能褒野」を授業冒頭で音読しました。望郷の歌の場面で、東征を果たして故郷に戻れずに死を迎えるヤマトタケルの思いをどのように表現するか、「国を思(しの)ひて」、「国のまほろば」、「倭しうるはし」などの表現に着目し、語句に込められた意味を感じ取って音読することを求めていきました。

⑥ねらいに合わせて交流の仕方をかえる

本単元では気付きや考察したことを拡散させることをねらいとしました。そこで、ワールドカフェという手法を用いて交流しました。まず五～六名のグループで話し合います。次に一人だけ残して、それぞれが違うグループへと移動します。それぞれ交流した内容に基づいて、気付きや考察を述べ合います。新しく吸収した意見をもって再び、最初のグループに戻り、それぞれ異なったグループから得た気付きや考察を述べ合います。

⑦古典学習の意義を見いだし、古典に親しむ態度を育む

古典学習を嫌う生徒が多い現状を打破するには、生徒自身が古典学習に意義を感じることが大切です。生涯、古典に親しむ態度を育成するためにも、生活に生きる古典の在り方を見いだすことが必要です。

5 地域の伝統的な言語文化を学習材化する例

これまでに、千葉県の伝統的な言語文化を学習材化して、生徒たちが古典に親しめる授業づくりを行ってきました。その例をいくつかご紹介します。（作品誕生の年代順）

○「真間の手児奈伝説」『万葉集』　高橋虫麻呂・山部赤人　読み比べ（一年）

真間の手児奈の伝説を二人の万葉歌人がどのように受け止めたか。語り部が「語る」言語文化に継承を見いだす。

○『更級日記』冒頭から旅立ちまでの部分の再話の異なりに継承の意味を見いだす。（二年）

漫画二種・現代版二種・解説本（ビギナーズクラシック）・紀行本などを読み比べ、再話の意図を探る。日記文学という言語文化の受け止め方や千葉、市原を出立し、本校前（黒砂）を経由して都へ上る少女の思い、当時の筆者の年齢である十四歳と生徒の年齢の重なりを意識させる。

○『南総里見八犬伝』滝沢馬琴　お気に入りの場面朗読（一年）

現代語ダイジェスト版で『南総里見八犬伝』を通読し、その中から気に入った場面を選び、原文で朗読する。

「読み本」という言語文化にふれる。なぜその場面が気に入ったのか、場面の状況を伝わりやすく朗読に生かす。

また、現在構想中の千葉県の伝統的な言語文化を学習材化した単元についてもご紹介します。

●『南総里見八犬伝』滝沢馬琴と儒教との関係

物語に流れる儒教的な側面に視点を当て、作品の思想的な部分を解説する。（三年）

●『浅茅が宿』上田秋成　脚本化しながら継承されてきた思想、日本人の美徳を見いだす。（二年）

●『鹿島紀行』松尾芭蕉の千葉への訪れを模倣し、歴史的背景を盛り込んだ身近な場所の紀行文を書く。（三年）

●『木屑録』房総鋸山で正岡子規にあてて詠んだ夏目漱石の漢文。正岡子規への手紙に書き換える。（三年）

（大澤由紀）

『古事記』『日本書紀』のテクスト

第二場面「弟橘媛の入水」　氏名（　　　）

『古事記』中巻

其《それ》より入り幸《い》でまして、走水《はしりみず》の海を
（焼津から）お入りになって
渡りたまひし時、其《そ》の渡《わたり》の神、浪《なみ》を興《おこ》
お渡りになったとき、その水道（わたっていくところ）の神が
して、船を廻《めぐ》らして　得《え》進み渡《わた》りたまはざりき。
船をぐるぐる回して　皇子は進みわたることができなかった。
爾《ここ》に其《そ》の后《きさき》、名は弟橘比賣命《おとたちばなひめのみこと》白したまひしく、
そのとき、皇子の后、がおっしゃるには
「妾《あれ》、御子《みこ》に易《かは》りて海の中に入らむ。御子《みこ》は遣《つか》はさえし政《まつりごと》
私が皇子に代わって　入りましょう。皇子は使命を受けて派遣された仕事を
を
遂《と》げて　覆奏《ふくそう》したまふべし」とまをして、
成し遂げて　お帰りになって天皇におっしゃるべきです。と申し上げて
海に入りたまはむとする時に、菅畳八重《すがたたみやえ》・皮畳八重《かわだたみやえ》・
お入りなさろうとするときに　菅で編んだ敷物　・皮で作った敷物・
絹畳八重《きぬたたみやえ》を　波の上に　敷《し》きて、其《そ》の上に　下《お》り坐《いま》しき。
絹で作った敷物（海神の国で賓客を迎えるときに用いられた）を敷いて、その上に降りてお座りになった
是《ここ》に其《そ》の暴浪《あらなみ》、自《おのずか》ら伏《な》ぎて、御船《みふね》得進みき。
すると　が　自然と　凪いで（おさまって）皇子の船は進むことができた。
爾《ここ》に其《そ》の后《きさき》、歌ひたまひしく、
歌を歌いなさった

さねさし　相武《さがむ》の小野に　燃ゆる火の
（相模の枕詞）　相模の　野に　燃えていた火の中で
火中《ほなか》に立ちて　問《と》ひし君はも
燃えさかる火の中に立って　私の名を呼んで大丈夫かと気遣ってくれたあなたよ

とうたひたまひき。
とお歌いなさった。
故《ゆえ》、七日《なぬか》の後《のち》、其《そ》の后《きさき》の御櫛《みくし》、海邊《うみべ》に依《よ》りき。
それから　七日たった後、　が　寄せて流れ着いた。
乃《すなは》ち其《そ》の櫛《くし》を取りて、御陵《みささぎ》を作りて　治《おさ》め置きき。
そこで、　取って、弔うための墓陵を作って、（櫛を）納めたのだった。

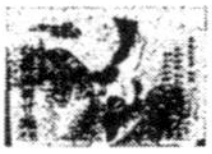

第二場面「弟橘媛の入水」　氏名（　　　）

『日本書紀』景行天皇四十年（是歳）

亦《また》、相模《さがむ》に　進《いでま》して　上總《かみつふさ》に　往《わた》せむとす。
（神奈川県中西部）お進みなさって　千葉の房総半島　行こうとなさった
海を　望《おせ》りて　高言《ことあげ》して　曰《のたま》はく、
望み見て　大言壮語して
「是《こ》れ　小さき海のみ。立跳《たちおどり》にも　渡りつべし。」
駆けて飛び上がっても　渡れるだろう。
とのたまふ。乃《すなは》ち　海中《わたなか》に　至《いた》りて　暴風《あらきかぜ》　忽《たちまち》に
そのまま　海の中に　お入りになると　突然吹く風が
起《おこ》りて、王船漂蕩《みふねただよ》ひて、え渡《わた》らず。
皇子の船が漂って　向こう岸に渡ることができない。
時に　王《みこ》に　従《したが》ひまつる　妾《をみな》有り。
そのとき、皇子に　付き従ってやってきた　女がいた。
弟橘媛《おとたちばなひめ》と曰《い》ふ。
穂積氏忍山宿禰《ほづみのうじおしやまのすくね》の女《むすめ》なり。
王《みこ》に　啓《まう》して　曰《まう》さく、
謹んで　申し上げた、
「今、風起《ふ》き　浪泌《なみはや》くして、王船《みふね》　没《しず》まむとす。
が　は　皇子の船は沈もうとしています。
是《これ》　必《ふつく》に　海神《わたつみ》の　心《しわざ》なり。願はくは　賤《いや》し
は　きっと　海の神の　でしょう。　身分の低い
き妾《やっこ》が身を、　王《みこ》の　命《おほみいのち》　に　贖《か》へて　海に　入らむ。」
私の　皇子の（大切な）お命に　代えて　海に入りましょう。
とまうす。言《まうすことおは》訖りて、　乃《すなは》ち　瀾《なみ》を　披《おしわ》けて入りぬ。
申した。申し上げることが終わると　すぐに　入水してしまった。
暴風《あらきかぜ》　即《すなは》ち　止みぬ。船《みふね》、岸に　著《つ》くこと得《え》たり。
突然の暴風は　このようにして止んだ。皇子の船は　ができたのだ。
故《ゆえ》、　時の人、　其《そ》の　海を　號《なづ》けて　馳水《はしるみず》と　曰《い》ふ。
それから　当時の人は　名づけて　「はしる水」

知識の補足に用いた国語学習通信「ことのは」

国語学習通信

ことのは

発行：千葉大学教育学部附属中学校　３年
第六号　大澤　由紀
平成二八年水無月十四日

ヤマトタケル　東征
～古典で知る千葉の伝説～
ヒントカード　第二場面　弟橘媛の入水

焼津・相模

浦賀水道に出て、海で上総に渡ろうとする前の場面で、東の国遠征の途中、今の静岡県焼津あたりでヤマトタケルは困難な目に遭います。野にいるヤマトタケルを焼き討ちにしようと計画した土地の首に四方八方から火をかけられます。これに対して、ヤマトタケルはおばである倭姫命から授かった、草薙剣で火をしずめ、もらった嚢に入っていた火打ち石で迎え火（火の勢いを払うためこちら側からも火を放った）で難を逃れた。という話があります。ここから、草薙剣が命名され、また、この土地が焼き払われた場所であると言うことから焼津と名付けられたと『日本書紀』では語られています。

『古事記』に出てくる弟橘媛の和歌はこの時のことを歌ったものです。「土地のまつろわぬ首によって、野を焼かれ、相模の野の燃える火の中の燃えさかる炎の中にたって、あなたは何度も私を気遣って名前を呼んでくれましたね。」「名を問う」というのは相手を深く思っていることの証だったのです。

上総

『古語拾遺』には律令時代の土地の名称といわれが載っています。総と房が示す、麻。総の国の上と呼ばれるのは当時、海を渡って、房総半島に上陸することが当たり前だったからです。

高言して

もともとは言葉を発するという意味ですが、ここでは、ヤマトタケルが言った言葉の意味をとらえ、また、言葉が高い目線から発せられているという字義を解釈して、大言壮語＝（辞書で調べてみよう）ととらえた方が良さそうです。この言葉によって、海神が怒った、と考えられます。

え～ず

頻出の古典文法ですから覚えてしまいましょう。英語のcan notと同じ扱いです。～の部分には動詞がきます。「～できない」と訳せます。「え渡らず」は「海を渡ることができない」となります。

むとす

これもよく出てくる古典文法です。「む」がこれからの事柄を表します。「～しようとしている」となります。

海神

「わたつみ」と読ませるのも和語の特徴です。海原のことを指すときにも使います。海は人の力では御しがたいものなのです。

后

当時は何人もの妻をめとることができました。その中でも、正妻にあたるのが后です。弟橘媛を『古事記』では后としています。正妻の扱いをしたくなる人だったのでしょうか。実際は、后の位はいただいていません。

菅畳八重・皮畳八重・絹畳八重

敷物を何枚も重ねるのは、『古事記』の上巻「山幸彦と海幸彦」に出てきます。神話の時代のお話です。海神（わたつみ）が山幸彦である火遠理命（ほおりのみこと）を宮殿に招いて、アシカの毛皮の畳を何枚も重ねて敷き、またその上に絹織物の畳を何枚も重ねて敷き、その上に座っていただき、多くのごちそうで丁重にもてなし、そのまま海神の娘である豊玉毘売（とよたまびめ）と婚姻を結んだという場面です。

海神をなだめるために入水する媛が何枚もの敷物の上に降りるシーン、皆さんにはどのように感じられますか？

解説

地域教材を学びの核とする単元

高橋　邦伯

本単元は地域教材の発掘であると同時に、古典学習のエポックとなっている『古事記』、『日本書記』へのアプローチとして貴重な実践となっています。本単元の特徴を列挙します。

①地域教材の発掘の視点

どの地方にも地域の伝承やかつて古人が歩いた軌跡が存在するものです。その存在を学習に結び付けるのは、授業者の意思であり、作品・地域研究と教材研究の深さです。時間をつくって取り組みたいという思いは生徒に必ず伝わります。未来へ伝統文化を継承する担い手の学びとなります。

②神話に結び付く古典の原点への洞察

『古事記』、『日本書記』は学校教育の中では扱われてきませんでしたが、神話として、物語として大変興味深く扱いたい材料です。文法も単純で原文も読みやすいのです。本単元は学習活動に『古事記』、『日本書記』を解放しました。

③国語科通信の役割

歴史的背景、文学史的背景、言葉の多様さを補うために国語科通信が活用されています。教師が多くを語ることは古典の学習の第一歩ですが、不十分な点を国語科通信が補完しています。

④指導の工夫の柔軟さ

校歌での導入、比べ読みを行う視点、適切な知識の提示、音読の実施、ねらいにあった交流の在り方の工夫、古典学習の意義の考察と投げ掛けなど随所に柔軟な指導の工夫が組み込まれています。生徒の心に強く残る学習になったと思います。

⑤地域教材への思い

授業者は今後考えられる学習材を一覧にしています。小さな単元を地域に根付かせる意味で、地域の教員で共有し実践してもらいたいと思います。

『古典』編
〔編著者・執筆箇所一覧〕※所属は執筆時

編集責任者
髙橋邦伯（青山学院大学特任教授）
…Ⅱ章1-1、2、3、4、5、6、3-1、2、Ⅲ章1（解説）、4（解説）

編著者
渡辺春美（高知大学名誉教授）
…Ⅰ章、Ⅲ章2（解説）、3（解説）

執筆者
飯田　良（千葉県・千葉市立椿森中学校校長）
…Ⅱ章1-7、2-1、2、5
保田裕介（千葉県・千葉市立葛城中学校教諭）
…Ⅱ章2-3、4、4-1、2
野﨑真理子（千葉県・船橋市教育委員会指導主事）
…Ⅲ章1
島﨑敦子（高知県立安芸中学校教諭）
…Ⅲ章2
三根直美（広島大学附属中学校・高等学校教諭）
…Ⅲ章3
大澤由紀（千葉大学教育学部附属中学校校長）
…Ⅲ章4

〔シリーズ国語授業づくり中学校　企画編集〕

安居總子（日本国語教育学会理事）
飯田和明（宇都宮大学准教授）
髙橋邦伯（青山学院大学教授）
笠井正信（中央大学教授）
甲斐利恵子（東京都・港区立赤坂中学校教諭）

シリーズ国語授業づくり中学校

古典

―言語文化に親しむ―

2018（平成30）年8月14日　初版第1刷発行

監　　修：日本国語教育学会
編　　著：髙橋邦伯・渡辺春美
発 行 者：錦織　圭之介
発 行 所：株式会社　東洋館出版社
〒113-0021　東京都文京区本駒込5丁目16番7号
営業部　電話 03-3823-9206　FAX03-3823-9208
編集部　電話 03-3823-9207　FAX03-3823-9209
振替　00180-7-96823
URL　http://www.toyokan.co.jp
デザイン：株式会社明昌堂
印刷・製本：藤原印刷株式会社

ISBN978-4-491-03559-8　Printed in Japan